Introdução à Sociologia

BIBLIOTECA UNIVERSITÁRIA

Nildo Viana

Introdução à Sociologia

2ª edição

autêntica

Copyright © 2006 Nildo Viana

COORDENADOR DA SÉRIE CIÊNCIAS HUMANAS (COLEÇÃO BIBLIOTECA UNIVERSITÁRIA)
Nildo Viana

PROJETO GRÁFICO DA CAPA
Guilherme Xavier

EDITORAÇÃO ELETRÔNICA
Waldênia Alvarenga Santos Ataíde

REVISÃO
Vera Lúcia De Simoni Castro

Revisado conforme o Novo Acordo Ortográfico.

Todos os direitos reservados pela Autêntica Editora.
Nenhuma parte desta publicação poderá ser reproduzida,
seja por meios mecânicos, eletrônicos, seja via cópia
xerográfica, sem a autorização prévia da Editora.

AUTÊNTICA EDITORA LTDA.

Rua Aimorés, 981, 8º andar . Funcionários
30140-071 . Belo Horizonte . MG
Tel: (55 31) 3222 68 19
TELEVENDAS: 0800 283 13 22
www.autenticaeditora.com.br

Viana, Nildo

V6l4i   Introdução à Sociologia / Nildo Viana . — 2. ed. — Belo
Horizonte: Autêntica Editora, 2011.

144 p. (Coleção Biblioteca Universitária,1)

ISBN 978-85-7526-187-3

1. Sociologia. I.Título.

CDU 301

SUMÁRIO

CAPÍTULO I
O que é Sociologia? 7

CAPÍTULO II
A formação da Sociologia 15

CAPÍTULO III
Os pensadores clássicos da Sociologia 29

CAPÍTULO IV
O desenvolvimento da Sociologia 67

CAPÍTULO V
Temas fundamentais da Sociologia 105

Leitura complementar 139

CAPÍTULO I ....

O QUE É SOCIOLOGIA?

O que é a Sociologia? Como ela surgiu e se desenvolveu? Quais são os grandes pensadores dessa ciência? Quais são seus principais conceitos, temas e teses? Qual a contribuição dessa ciência para conhecermos a realidade contemporânea? Essas são algumas das principais questões que este livro busca responder.

Iremos, inicialmente, responder à primeira questão, já que as respostas para as demais estão intimamente ligadas a ela. Existem várias definições de Sociologia. Poderíamos citar "ciência dos fatos sociais", "ciência da ação social", "ciência das relações sociais", "ciência dos fenômenos sociais", entre inúmeras outras. No entanto, a definição mais comum é *ciência da sociedade*. Essa definição tem tudo a seu favor: além de ser a mais utilizada, é a que corresponde à etimologia da palavra (socio = social + logia = ciência), é a que abarca todas as outras definições, visto que as demais sempre se referem ao "social".

Uma definição, porém, é algo insuficiente. É preciso, desde o início, distinguir entre as palavras do vocabulário comum e os conceitos do pensamento teórico. As palavras que utilizamos em nossa linguagem cotidiana são acessíveis pelo uso cotidiano ou pelo dicionário de língua portuguesa (para aqueles da língua portuguesa). As palavras que desconhecemos o significado nos remetem ao dicionário, que trabalha com sinônimos e explicações simples. Assim, se desconheço o significado da palavra "apedeuta", basta consultar o dicionário para saber que é sinônimo de "ignorante", o que já nos traz o significado à mente, e a explicação simples: pessoa que desconhece ou ignora algo. Se é uma palavra de outra língua, basta consultar o dicionário correspondente. Se for, por exemplo, a palavra "love" ou "konstat-i", basta consultar o dicionário português-inglês, no primeiro caso, e dicionário português-esperanto, no segundo, para saber que a primeira palavra significa "amor", e a segunda "constatar, verificar, conhecer".

No mundo dos conceitos e termos técnicos, isso é diferente. As definições nunca são tão simples. Elas trazem a necessidade de definições complementares, de explicações complexas, remetendo sempre a outros conceitos e relacionando vários fenômenos. É por isso que surgiram os dicionários especializados (de Sociologia, de Filosofia, de Economia, etc.). A comparação entre um dicionário de língua portuguesa e um dicionário especializado mostra a diferença: os verbetes do dicionário comum possuem poucas linhas enquanto que os verbetes do dicionário especializado possuem várias linhas e nos mais profundos até mesmo várias páginas. Isto ocorre não só em razão da complexidade dos conceitos, construtos, termos técnicos, mas também da sua polissemia, isto é, diversos significados que podem assumir. Assim, por exemplo, no dicionário comum de língua portuguesa, podemos consultar a palavra "dialética" e ver o seu significado em poucas palavras: "arte do diálogo". Contudo, num dicionário de Filosofia, iremos ter algumas páginas para explicar que, na Filosofia antiga, de Zenon a Platão, a expressão dialética tinha o significado de "arte do diálogo", mas que tal concepção foi-se alterando historicamente, assumindo formas diferentes e maior complexidade em filósofos e pensadores diferentes, desde Plotino, passando por Hegel e Marx, até chegar em concepções posteriores como a de Sartre e Gonseth, entre outras.

Assim, se olharmos no dicionário de língua portuguesa, veremos que "sociologia" significa "estudo das sociedades humanas, suas leis, etc." (*Mini Houaiss, Dicionário da Língua Portuguesa*), enquanto que, se olharmos um dicionário de Sociologia dos mais simples, antigo e resumido, teremos quase uma página dedicada a esse verbete e meia página de indicação bibliográfica, além da informação de que a palavra "sociologia" foi criada por Augusto

Comte e diversos detalhes da concepção desse pensador e termina com a definição

> a sociologia contemporânea caracteriza-se, através de todas as diferenciações de métodos e técnicas, pelo estudo do social, enquanto social, não enquanto cultural, educacional, econômico ou jurídico. Procura compreender como se formam e desintegram as associações humanas; estuda a influência dos agrupamentos sobre os indivíduos, e as relações entre os homens (*Dicionário de Sociologia Globo*, p. 316).

Essa é uma das definições e remete também ao social, mas tem elementos de que muitas abordagens sociológicas discordariam. Por isso, dizer que a Sociologia é a ciência da sociedade é um bom ponto de partida, mas insuficiente. Resta algo a ser dito. Iremos, neste sentido, complementar essa definição, o que nos faz sair da esfera da definição para a esfera da concepção, isto é, passaremos para determinada concepção do que é Sociologia.

Se a Sociologia é a ciência da sociedade, torna-se necessário explicar o que é uma ciência e o que significa "sociedade". A expressão ciência, como todos os termos científicos, filosóficos, etc., tem diversas definições. Iremos apresentar a que julgamos ser mais adequada. A ciência é um saber sistemático, metódico e empírico, que tem a pretensão de objetividade e neutralidade. Um saber sistemático é aquele que é organizado, coerente, estruturado. O presente texto sobre Sociologia possui essas características: ele se propõe um objetivo, a definição de Sociologia, e vai argumentando e coerentemente construindo o conceito, bem como remetendo a outros conceitos de forma igualmente coerente (como os de ciência e sociedade). A ciência é também um saber metódico, isto é, se fundamenta em um método, um conjunto de preceitos que é um instrumento mental que permite a análise da realidade. Além disso, o saber científico é empírico, no sentido de que se fundamenta na realidade empírica, concreta, ou como diria alguns, em fatos, acessíveis pela experiência ou experimentação.

Além dessas características, a ciência é geralmente acompanhada por mais dois elementos que são muito mais polêmicos: a objetividade e a neutralidade. A objetividade seria a adequação da ideia científica à realidade objetiva, e a neutralidade seria a não interferência dos valores, concepções religiosas e políticas, preconceitos, do cientista na sua produção científica. Isso, no entanto, é questionado por muitos cientistas e teóricos da ciência, embora, muitas vezes, eles acabem pensando que quando fazem tais análises são "objetivos" e "neutros".

A nossa posição em relação a isso é a seguinte: a objetividade e a neutralidade são pretensões da ciência que estão presentes no discurso científico, mas não em sua prática. A objetividade é uma pretensão, uma ambição, uma intenção. Seu grau de realização não é garantido por se tratar de um saber científico. Determinada concepção científica pode ser totalmente falsa ou parcialmente falsa, bem como, em casos raros, pode ser verdadeira. Mas não basta o discurso ser científico para que isso esteja garantido.

A questão da neutralidade já é diferente. Embora muitos cientistas, incluindo sociólogos, defendam a existência da neutralidade, devemos deixar claro nosso ponto de vista (que não é "neutro" e por isso mesmo é "coerente") segundo o qual a neutralidade é impossível. Sem dúvida, o cientista, seja de que área for, pode abandonar ou não deixar influir em sua produção científica certos valores e concepções, mas os valores fundamentais e elementos estruturantes de sua mentalidade não podem ser removidos nesse processo, uma vez que seres humanos são seres valorativos, fazem a todo o momento escolhas, seleção, demonstrando suas simpatias, preferências, prioridades, isto é, valorando ou desvalorando as coisas, relações, pessoas. Além de impossível, a necessidade da neutralidade é algo discutível. Sem dúvida, determinados valores, concepções, etc., são obstáculos para a compreensão da realidade – principalmente da realidade social, com a qual estamos envolvidos – mas não todos os valores. O preconceito racial, por exemplo, pode prejudicar uma análise sobre a participação do negro no futebol brasileiro ou então sobre a criminalidade e sua relação com as camadas mais pobres da população. Por outro lado, o princípio de que é necessário dizer a verdade acima de quaisquer interesses pessoais e financeiros é benéfico para a produção científica. Assim, deslocamos a questão da neutralidade e o impossível abandono dos valores, para a discussão sobre quais valores estão por detrás da pesquisa científica e quais são prejudiciais ou importantes para a aproximação com a verdade por parte do pesquisador.

De tudo isso que foi dito sobre a ciência, fica claro que é uma forma de saber diferente de outras. Existem outras formas de saber, tal como a Filosofia, a Teologia, etc. No entanto, a oposição que se tornou clássica e foi constituída pelo próprio discurso científico, desde o sociólogo Durkheim, passando por diversos outros cientistas, até chegar ao epistemólogo (a epistemologia é considerada teoria da ciência, teoria do conhecimento, ciência da ciência, filosofia da ciência, entre outras definições) Gaston Bachelard, é entre ciência e senso comum. Segundo esses dois pensadores, existe uma ruptura entre essas duas formas de saber. O saber científico é sistemático, organizado, coerente, neutro, verdadeiro (objetivo), etc., e o senso comum é um saber desarticulado, incoerente, valorativo, marcado pelo erro. Hoje em dia tais posições são extremamente criticadas. Na verdade, o discurso científico não é objetivo por si mesmo nem o saber comum, as representações cotidianas, ou o "senso comum", segundo linguagem tradicional, é sempre falso, bem como as fronteiras entre ambos nem sempre são tão nítidas, já que o discurso científico não é científico em sua totalidade (assim como não existe um mundo puro de conceitos, construtos, termos técnicos) nem o senso comum é sempre incoerente.

De qualquer forma, existe uma diferença entre a ciência e as representações cotidianas. Podemos ilustrar essa diferença valendo-nos da diferenciação entre pensamento simples e pensamento complexo. As representações cotidianas (senso comum) são formas de pensamento simples, produzidas na vida cotidiana, e que não fornece explicações aprofundadas e embasadas (em métodos, técnicas, etc., isto é, não são produtos de pesquisa) ao passo que o pensamento científico é complexo, organizado sistematicamente, metodicamente, tendo por base um conjunto de informações retiradas da realidade empírica. Essa distinção ajuda a compreender o significado do conceito de ciência, embora não deva levar ao equívoco da concepção tradicional de Durkheim, Bachelard e outros a ponto de opor um ao outro, como se opõe o erro e a verdade.

Mas até aqui definimos o conceito de ciência. É preciso, no entanto, aprofundar a discussão para chegarmos ao conceito de Sociologia. O conceito de ciência que apresentamos é o conceito de ciência em geral, isto é, aplica-se a todas as ciências, tal como a Física, a Química, a Biologia, a Astronomia, a Economia, a Antropologia, a Historiografia, a Geografia, etc. No entanto, é preciso ir além do conceito geral de ciência para poder conseguir chegar ao conceito de ciência particular. Consideramos útil utilizar a expressão "ciências particulares". Esta expressão nos ajuda a compreender a especificidade das ciências particulares em contraposição a ideia geral de ciência. Uma ciência particular deve conter em si todos os elementos característicos da ciência em geral, todos os elementos que a definem, mas também deve possuir uma singularidade, uma particularidade. Tal singularidade que deve estar presente numa ciência particular é expressa em seu objeto e método próprios de pesquisa. O surgimento de uma ciência particular ocorre quando ela delimita um objeto de estudo próprio, diferente dos demais, bem como expõe seus métodos de pesquisa. Assim, cada ciência particular busca construir seu próprio objeto de pesquisa e produz os procedimentos metodológicos adequados para realizar a pesquisa. No campo das ciências naturais, temos, por exemplo, a Química, cujo objeto de estudo é a substância; a Física, que se dedica ao estudo da matéria; a Biologia, que estuda os seres vivos. No campo das ciências humanas, temos a Economia que estuda o processo de produção e distribuição das riquezas, a Linguística que se dedica ao estudo da linguagem, entre outras. Obviamente que a delimitação de objeto de estudo não é sempre consensual entre os cientistas particulares, mas há certo consenso entre qual conjunto de fenômenos determinada ciência particular se dedica a estudar.

A Sociologia é uma ciência e, portanto, carrega em si os elementos característicos do pensamento científico em geral, e sua particularidade reside em seu objeto de estudo, a sociedade, e nos procedimentos metodológicos criados para analisá-la. Assim, resta saber o que é "a sociedade" e quais são os métodos adequados para analisá-la. Isso nos remete ao conceito de sociedade e termos correlatos, por exemplo, social e relações sociais. Não há consenso entre

INTRODUÇÃO À SOCIOLOGIA

os sociólogos na definição de Sociologia e de sociedade. Mas iremos apresentar uma definição que, de certa forma, abarca várias outras definições e delimita o campo de estudo da Sociologia.

A expressão "sociedade" pode significar um contrato comercial, o que ocorre quando algumas pessoas se tornam "sócios" de um negócio, formando uma "sociedade" e isso se expressa de forma mais acabada na ideia de "sociedade anônima", ou uma associação de seres humanos, compreendendo por isso uma população que vive numa organização coletiva. Este último termo corresponde ao significado sociológico de sociedade. No entanto, ele ainda fica muito preso ao empírico, isto é, à vida cotidiana. Por isso, precisamos aprofundar o conceito de sociedade. Podemos definir por sociedade o conjunto das relações sociais existentes em determinado território e momento histórico. Assim, podemos falar de sociedade brasileira, sociedade capitalista, sociedade feudal, etc. Os elementos componentes do conceito de sociedade variam de acordo com a tradição sociológica ou teórica e isso explicitaremos nos próximos capítulos, bem como a questão metodológica. Por enquanto, basta essa definição provisória. Mas é preciso acrescentar que a Sociologia não estuda todas as formas de sociedade historicamente existentes. A sociologia, na verdade, delimita seu campo de estudo remetendo à sociedade moderna, capitalista.

Os sociólogos não estudam as sociedades pré-históricas ou as sociedades indígenas ainda existentes, nem estuda as sociedades pré-capitalistas (tal como a sociedade escravista, feudal, tributária, escravista colonial, etc.). As sociedades indígenas se tornaram campo de estudo dos antropólogos, isto é, são objeto de estudo da Antropologia. As sociedades do passado, tal como a escravista e a feudal, são objetos de estudo dos historiadores, embora a historiografia também se dedica à sociedade moderna, mas em seu passado histórico. Assim, quando o antropólogo Marshall Sahlins escreve seu livro *As sociedades tribais* ou o historiador Marc Bloch escreve *A sociedade feudal*, eles estão rigorosamente trabalhando os objetos de estudo de suas respectivas ciências.

Neste momento, poder-se-ia questionar que alguns dos grandes sociólogos se dedicaram ao estudo de sociedades pré-capitalistas.

Esse é o caso de Durkheim, Weber, Marx, Elias e mais alguns poucos. No entanto, o motivo de esses sociólogos se dedicarem ao estudo de sociedades pré-capitalistas, porém encontra-se justamente na tentativa de explicar a formação da sociedade capitalista. As suas obras tinham o objetivo fundamental de fornecer elementos que contribuíssem com a análise da sociedade moderna, seja através do método comparativo, seja através da análise da constituição histórica do capitalismo ou, ainda, através de busca de elementos societários generalizáveis a todas as formas de sociedade. Assim, quando esses sociólogos se debruçaram sobre as sociedades pré-capitalistas o fizeram com a intenção metodológica ou histórica. Com o desenvolvimento da Sociologia e o processo de ampliação de sua especialização, ela passa a se dedicar cada vez mais à sociedade contemporânea e cada vez menos ao passado histórico das sociedades humanas, inclusive da própria sociedade moderna.

Com o desenvolvimento histórico da Sociologia, ela passa a criar um processo de produção de "subdisciplinas", as chamadas "sociologias especiais". As sociologias especiais se dedicam a analisar fenômenos sociais mais específicos, e assim se desenvolveram a sociologia urbana, a sociologia rural (hoje alguns a denominam sociologia da agricultura), a sociologia do trabalho, a sociologia do lazer, a sociologia política (ou sociologia do poder), a sociologia da arte, a sociologia da educação, a sociologia da burocracia (das organizações, da administração), a sociologia econômica, a sociologia da cultura, a sociologia do conhecimento, a sociologia da violência, a sociologia do esporte, entre inúmeras outras. E, dentro das sociologias especiais, ainda se produzem subdivisões. No interior da sociologia da arte, por exemplo, podemos encontrar a sociologia do cinema, a sociologia da literatura, a sociologia do teatro, a sociologia da música, etc.

Assim, partindo dessa definição de sociologia, podemos começar nossa caminhada no sentido de ver sua formação histórica, seus principais pensadores, temas e teses, bem como uma análise sintética da sociedade moderna. Ao realizar isso, iremos retomar alguns aspectos aqui esboçados e aprofundar a discussão em torno da ciência da sociedade.

CAPÍTULO II

A FORMAÇÃO DA SOCIOLOGIA

A Sociologia surge no bojo de todo um longo processo histórico que é o do surgimento da sociedade moderna. Mas, antes de começarmos a tratar da origem da Sociologia, é preciso ressaltar que os seres humanos sempre elaboraram ideias sobre a sociedade, muito antes do advento da sociedade capitalista. Em épocas passadas, desde a filosofia grega, passando pela sabedoria oriental e pela filosofia medieval, a sociedade ou os aspectos dela foram objetos de digressões e análises, seja de orientação filosófica, teológica, seja de qualquer outra. No entanto, a Sociologia somente surge na sociedade moderna, que é a forma de sociedade que cria as suas condições de possibilidade. Iremos, a partir de agora, expor esse amplo movimento histórico de engendramento da Sociologia.

A formação da sociedade moderna tem seu processo de engendramento a partir da expansão comercial e da chamada "acumulação primitiva de capital", realizada através de diversos meios, especialmente do sistema colonial. A sociedade feudal era fundada em um modo de produção quase autossuficiente, com escassas relações de mercado, e com uma concepção de mundo estática, fundada nas "três ordens", que constitui o imaginário feudal, segundo o historiador Georges Duby.[1]

A transição da sociedade feudal para a sociedade capitalista na Europa Ocidental marca a constituição de novas classes sociais, novas relações de produção e sociais. Esse conjunto de mudanças sociais

---

[1] DUBY, Georges. As três ordens ou o imaginário do feudalismo. Lisboa: Estampa, 1982.

vem acompanhado também por um conjunto de mudanças na mentalidade e na cultura. Trata-se de um longo processo histórico de desagregação da propriedade feudal e da cultura medieval e surgimento de novas formas de propriedade e nova cultura.

A expansão comercial cumpriu papel fundamental na constituição da nova sociedade, uma vez que a desagregação da propriedade feudal e o surgimento de diversas formas de pequenas propriedades foram incentivados pela ampliação do comércio, incentivando a produção artesã e camponesa. A emergência da manufatura e da produção capitalista propriamente dita marca um passo na constituição de novas relações sociais reforçadas pela expansão comercial. Ao lado dessas mudanças históricas, ocorre intensa mudança cultural. O Renascimento e, posteriormente, o Iluminismo emergem nesse contexto histórico de transição do feudalismo para o capitalismo. A concepção teológica do mundo vai, paulatinamente, sendo substituída pela visão filosófica e racionalista, bem como pela concepção científica. A visão teocêntrica é substituída pela visão antropocêntrica do mundo, bem como as ciências naturais assumem papel fundamental nesse processo, com a constituição da Física e da Astronomia, e o posterior desenvolvimento da Biologia, da Química, etc.

O capitalismo se vai expandindo a partir do século 16, e esse processo culmina com a Revolução Industrial na Inglaterra e a Revolução Francesa. Tais revoluções vão marcar a consolidação da industrialização e da burguesia enquanto nova classe dominante e dirigente. Os conflitos sociais se intensificam e mudam de caráter, e em vez da oposição do "terceiro estado" contra a nobreza, surge a oposição entre as novas classes exploradas (proletariado, campesinato) e a nova classe dominante, a burguesia, classe capitalista. Obviamente que todas essas mudanças históricas contribuíram com o processo de formação da Sociologia, mas alguns aspectos foram mais determinantes. Iremos, a partir de agora, abordar os aspectos mais importantes desse processo para a constituição da Sociologia.

As revoluções burguesas e a consolidação do modo de produção capitalista criaram novas necessidades sociais. A produção

INTRODUÇÃO À SOCIOLOGIA

capitalista incentiva o desenvolvimento técnico e científico, bem como o processo de burocratização e racionalização das organizações e instituições. O capital comercial incentivou, num primeiro momento, o desenvolvimento do capital industrial e este, uma vez hegemônico, generalizou e universalizou a mercantilização das relações sociais. O desenvolvimento do capital comercial foi o primeiro ponto para o desenvolvimento do racionalismo. O filósofo Descartes (1596-1650) foi a primeira grande expressão do novo racionalismo ocidental. O uso da moeda e do sistema de trocas mercantis é forte incentivo para o desenvolvimento das abstrações matemáticas, e é também forte promotor do desenvolvimento da Matemática e da Contabilidade, tal como observou o sociólogo Max Weber. Ao lado de Descartes, Francis Bacon (1561-1626) também teve papel considerável na formação das novas concepções filosóficas. No campo das ciências naturais nascentes, as revoluções copernicana e galileica abrem novos caminhos para o pensamento científico no sentido de sua busca de autonomização em relação ao pensamento teológico e filosófico. Isso culmina com a emergência do Iluminismo, expresso nas obras dos filósofos Montesquieu (1689-1755), Locke (1632-1704), Rousseau (1712-1778), Voltaire (1694-1778), Diderot (1713-1784), D'Alambert (1717-1783), que combateriam o clero, os preconceitos e defenderiam a autonomia do indivíduo, a razão, inaugurando o otimismo das luzes.

Assim, as novas relações sociais e as novas necessidades sociais que lhes acompanha são fundamentais para explicar a emergência da Sociologia no século 19. Uma dessas novas necessidades é a da racionalização e burocratização das instituições, a começar pelo próprio Estado moderno. Os novos conflitos sociais gerados a partir das revoluções burguesas, agora entre burguesia e proletariado nascente, também produzem a necessidade de maior controle social e maior informação e conhecimento da realidade social. A partir do início do século 19, o surgimento das universidades modernas[2] e a oposição criada entre Filosofia e ciência natural marcam o processo de nascimento da Sociologia.

---

[2] WALLERSTEIN, I. (Org.). *Para abrir as Ciências Sociais.* São Paulo: Cortez, 1996.

Por outro lado, o surgimento das ideias dos reformadores sociais, preocupados com a situação da classe trabalhadora após a Revolução Industrial (extensas jornadas de trabalho, condições precárias de vida e habitação, etc.), e o socialismo utópico também seriam importante estímulo para uma nova visão da chamada "questão social", uma vez que a "vontade divina" não poderia mais explicar a fome, a miséria, a situação de vida marcada por uma superexploração, já que o progresso do racionalismo e da racionalização da cultura ocidental não permitia mais este tipo de explicação.

Cada ciência particular teve determinações específicas para o seu surgimento e isso também se aplica à Sociologia. Podemos dizer que a Sociologia foi produzida como resultado das revoluções burguesas, destacando-se a Revolução Industrial e a Revolução Francesa, e das mudanças culturais, especialmente as relacionadas com o desenvolvimento das ciências naturais e sua institucionalização (nascimento das universidades modernas) e pela emergência das lutas operárias, expressa tanto nas ideias reformistas e socialistas utópicas e na formação de suas organizações (sindicatos, partidos) e ações.

A herança intelectual da Sociologia remonta as ciências naturais, a filosofia social e o pensamento social do final do século 18 e início do século 19. Nesse período histórico, as ciências naturais gozavam de grande prestígio e eram o modelo de ciência a ser seguido. O avanço tecnológico e as descobertas na esfera das ciências naturais, principalmente da Física e, no início do século 19, também da Biologia (a teoria da evolução de Darwin), bem como a consolidação das universidades modernas cada vez mais racionalizadas e burocratizadas vão ser a raiz da busca de constituição das ciências humanas.

A ideia de ciência e o modelo de ciência se fundamentavam nas ciências naturais, e as ideias referentes à sociedade eram produzidas por filósofos e pensadores políticos. Os filósofos sociais, como Montesquieu, Rousseau, Locke, entre outros, buscavam compreender a formação da sociedade moderna, mas através da especulação filosófica, tal como a ideia de um suposto

"Estado de Natureza", no qual os homens viviam naturalmente, que seria substituído por um "Estado Social", marcado por leis, organização estatal, etc., oriundos do "contrato social", nome da célebre obra de Jean-Jacques Rousseau. Isso já vinha ocorrendo havia muito tempo com o filósofo Hobbes, considerado ideólogo do absolutismo, que pensava que a emergência do Estado foi provocada pela situação humana no "Estado de Natureza", marcada pela "luta de todos contra todos". O Estado seria a resposta para a manutenção da sobrevivência humana e preservação dos bens e seria, necessariamente, devido à natureza egoísta dos seres humanos, um Estado Absolutista. Tal tese de um "Estado de Natureza" seria retomada pelo ideólogo liberal John Locke (1632-1704). Locke concebia a passagem desse Estado para a situação de sociedade civil não pela existência de um egoísmo natural e por uma luta entre os homens mas, sim, para que eles vivessem "melhor", preservando os seus bens conquistados pelo trabalho. Rousseau já apresentava tese diferente, embora também se fundamentando no pressuposto de um "Estado de Natureza", segundo o qual os seres humanos viveriam relativamente bem. Mas seria o surgimento da propriedade privada que marcaria a origem dos males e do Estado. Rousseau considerava criticamente a civilização, ao contrário dos demais filósofos iluministas (o que lhe vale a polêmica com Voltaire, entre outros), e pensavam que ela seria a fonte da corrupção do homem.

Os reformadores sociais e socialistas utópicos teriam preocupações extremamente práticas. Buscavam compreender a situação da classe trabalhadora e propunham reformas, mais ou menos radicais, dependendo do pensador em questão. Foi nesse contexto que surgiram as primeiras informações mais pormenorizadas da vida dos trabalhadores e as primeiras teses socialistas, já embrionárias durante o processo da Revolução Francesa com os sansculottes e os igualitaristas ligados a Grachus Babeuf (1756-1795). O destaque deve ser fornecido aos socialistas utópicos que buscavam transformar a sociedade através do apelo à razão, à educação, a experiências cooperativas, etc. Pensadores como Babeuf, Charles Fourier (1772-1837), Robert Owen (1771-1858), Henri

Saint-Simon (1760-1825), entre outros, foram alguns dos principais representantes do socialismo utópico.

Alguns pensadores sociais esboçaram o nascimento da Sociologia, tanto é que alguns os consideraram os fundadores dessa ciência. Esse é o caso de Saint-Simon, Pierre-Joseph Proudhon (1809-1865), Augusto Comte (1798-1857) e Herbert Spencer (1820-1903). Os dois primeiros serão considerados por Gurvitch como os "fundadores franceses da sociologia contemporânea".[3] Saint-Simon é considerado um representante do socialismo utópico, embora também tenha no seu pensamento fortes traços conservadores. Claude-Henri de Rouvroy, Conde de Saint-Simon, produziu extensa obra, que se inicia com sua *Carta de um habitante de Genebra a seus contemporâneos*, de 1802, mostrando intensa admiração por Isaac Newton, pela ciência e pelos cientistas. Após isso ele escreve várias obras voltadas para sua concepção de sociedade, tais como *Ensaios sobre a organização social, História do homem, Memória sobre a Ciência do Homem, O sistema industrial*, entre outras de caráter coletivo e sobre outros temas.

Saint-Simon assume posições conservadoras até 1817, quando passa a se aproximar do pensamento socialista e desenvolve sua concepção de sociedade. Ele sustentava a necessidade de uma "ciência do homem" (que ele denominava "fisiologia social") embasada na observação dos fenômenos políticos e sociais. Tal ciência não poderia ser produzida pelo clero ou pelas castas feudais, mas tão somente pelos "produtores" (trabalhadores), rompendo com o pensamento religioso medieval e filosófico do século 18. Saint-Simon considerava que a história (como ciência historiográfica) deveria ser uma ciência exata, visando descobrir as etapas da evolução humana e as possibilidades futuras. O sentido da história se encontra no lento processo de industrialização, marcado por lutas de classes, tal como se vê na transição do feudalismo para a sociedade industrial. A classe dos industriais entrou

---

[3] GURVITCH, Georges. *Los fundadores franceses de la Sociologia contemporánea: Saint-Simon y Proudhon*. Buenos Aires: Nueva Visión, 1958.

em conflito com a aristocracia feudal e, posteriormente, com a burguesia. Por classe dos industriais ele compreendia todos os que contribuem com a produção de riquezas da sociedade (camponeses, artesãos, comerciantes, etc.). Eles se opõem aos "ociosos", os detentores do capital e dos meios de produção, os aristocratas, proprietários de terras, sacerdotes, legisladores. Ele defendia a unidade do "bloco industrial", o que é explicável tendo em vista que a França da época possuía industrialização incipiente e uma grande quantidade de pequenas propriedades, expresso principalmente no sistema artesanal. Com o passar do tempo, Saint-Simon reconhece que essa classe industrial não é homogênea e vai cada vez mais distinguindo aqueles que só possuem a capacidade de trabalho como os responsáveis pela transformação social e o futuro da sociedade industrial. Ele consideraria que haveria uma transição pacífica da atual sociedade para a futura sociedade industrial e isso em parte é derivado de sua visão de que a estrutura econômica da sociedade era fundamental e que as instituições políticas eram sem grande importância. Daí ele prever que, na futura sociedade industrial, haverá a extinção do Estado. "O governo dos homens será substituído pela administração das coisas", fórmula que será retomada por Engels posteriormente. Ele pensa que a estrutura política será formada por três câmaras: a câmara da invenção, a câmara de exame e a câmara de execução, composta por uma elite de intelectuais, industriais, banqueiros.

Saint-Simon pensa a ciência do homem fundada na fisiologia e utilizando o método positivo da ciência física. A fisiologia social seria a parte fundamental das fisiologias particulares (Biologia) e da Psicologia. A fisiologia social, ou geral, estudaria a sociedade, que é, segundo ele, uma "máquina organizada", constituída por partes que contribuem de formas diferentes com o seu conjunto. Esse conjunto, que forma o objeto de estudo da fisiologia social, é composto pela história, pela civilização, pela produção econômica e espiritual, pela luta de classes e grupos sociais.

Pierre-Joseph Proudhon é mais conhecido como o fundador do anarquismo do que como um dos construtores da Sociologia. Ele foi o responsável pela criação do termo "socialismo utópico", que ele opõe ao seu socialismo, o "socialismo científico". Mais tarde, Marx irá retomar essa fórmula mas, no entanto, irá considerar o próprio Proudhon um socialista utópico e tomará suas próprias ideias como expressão de um "socialismo científico". A análise da sociedade por Proudhon se fundamenta na crítica da propriedade e na ideia de federalismo. Em sua obra mais famosa, *O que é a propriedade?* ele apresenta sua sentença: "a propriedade é o roubo!" e lança as bases de sua concepção – denominada por ele como "ciência social" – fundada na ideia de "forças coletivas" em oposição à "forças individuais". Tais forças são compostas por grupos, classes sociais, "sociedades", e são mais produtivas que a soma das forças individuais. Para ele, são essas forças coletivas que produzem as riquezas e apresenta a tese de que o trabalhador coletivo é a base da sociedade. É por isso que a ciência social deve estudar as forças coletivas e a consciência coletiva, ou, como afirma em outra oportunidade, o homem, seus costumes, virtudes, crimes e loucuras. Essa ciência social é um conhecimento sistemático e racional da sociedade – que é dividida em duas classes sociais no regime capitalista: a classe dos capitalistas, empresários e banqueiros, por um lado, e pela classe dos assalariados, por outro. Posteriormente, ele acrescentaria diversas outras classes incluídas no termo "classe média".

Ele também analisou o capitalismo a partir do processo de exploração, no qual o capitalista remunerava apenas o trabalhador individual, e não o imenso trabalho coletivo, promovendo o chamado "erro de conta". O "erro de conta" é a apropriação capitalista do excedente coletivo criado pelo esforço coletivo que às vezes Proudhon denomina "prelibação capitalista". É a partir da constatação desta exploração que Proudhon irá analisar a constituição da sociedade e seus elementos constituintes: as forças coletivas (classes sociais, agrupamentos em geral); o direito e as regulamentações sociais; a justiça e o ideal; e a razão coletiva ou consciência coletiva. A base da sociedade é a ação coletiva, cujo trabalho é sua manifestação mais rica e o meio pelo qual as forças coletivas penetram na totalidade social. Todo esse conjunto composto pelas forças coletivas, regulamentações sociais, justiça e consciência coletiva só funcionam por causa da espontaneidade coletiva, que se manifesta em sua plenitude durante as revoluções sociais. Em todas as sociedades, existe uma pluralidade de agrupamentos, e no capitalismo há as classes sociais, sendo que o proletariado e o campesinato se opõem à classe capitalista. A dinâmica social se manifesta através do pluralismo de agrupamentos e classes e pelo conflito entre Estado e sociedade econômica (tema retomado de Saint-Simon). Enquanto permanecer a prelibação capitalista, haverá a dominação da sociedade pelo patronato e pela alta finança. O progresso é o triunfo da razão coletiva e da justiça unidas num ideal afetivo, o que promoveria a revolução social.

As concepções de Saint-Simon e Proudhon são produtos da época histórica em que elaboraram suas teses. O "estado incipiente da produção capitalista" e da classe operária, tal como coloca Engels, é a chave para se explicar as ambiguidades e os limites das concepções desses dois pensadores, embora ele se refira apenas a Saint-Simon.[4] Ambos percebem elementos importantes no desenvolvimento social e lançam teses que contribuirão para o desenvolvimento das ideias sociais e irão exercer forte influência no pensamento sociológico e socialista. No entanto, sua forma de conceber a realidade social, a sociedade, é ainda demasiadamente abstrata, sem fundamentação na realidade concreta, sendo uma forma transitória de metafísica para ciência. Na falta de percepção da realidade concreta, a imaginação assume o lugar do concreto e assim se produz uma visão da sociedade comandada mais pela arbitrariedade da concepção pessoal dos pensadores do que pela pesquisa dessa mesma realidade.

Um terceiro nome é preciso acrescentar a essa lista de precursores da Sociologia. Trata-se de Augusto Comte. Suas principais obras foram *Opúsculos de filosofia social* (reunião de diversos artigos publicados entre 1819 e 1828); *Curso de filosofia positivista, Discurso sobre o espírito positivo, Sistema de política positiva* e *catecismo positivista*. Comte, ao contrário de Saint-Simon e Proudhon, representava o pensamento conservador. Ele, quando jovem, foi

---

[4] ENGELS, Friedrich. *Do Socialismo Utópico ao Socialismo Científico.* 3. ed. São Paulo: Global, 1980.

secretário de Saint-Simon, a quem rendeu os maiores elogios nesse período e que substituiu pela completa negação posteriormente. Ele tinha como grande ambição fundar uma ciência da sociedade, seguindo o modelo das ciências naturais, e a chamou de *física social*. O fato de outro pensador ter utilizado este termo, o astrônomo Adolfo Quételet (1796-1894) que escreveu um livro supostamente de sociologia intitulado *Ensaio de Física Social*, fez com que ele criasse a palavra *sociologia*. Ele também é o fundador do chamado positivismo, doutrina que postulava, entre outras coisas, que era necessário utilizar o modelo das ciências naturais e aplicá-lo ao estudo da sociedade. O seu objetivo foi criar uma ciência positiva da sociedade, fundada na observação, na experimentação, na comparação e na classificação (e a "filiação histórica", para o caso das ciências sociais), isto é, nos métodos das ciências naturais.

Comte propôs a fundação de uma "filosofia positiva", que seria uma filosofia geral das ciências particulares dedicada ao problema do método. A partir disto ele realizou uma classificação e hierarquização das ciências, cujo critério seria ir do mais simples ao mais complexo, e que seria assim classificadas em ordem de importância: Matemáticas, Astronomia, Física, Química, Biologia e sociologia, a mais complexa das ciências. A Sociologia deve utilizar todos os procedimentos metodológicos das ciências naturais (observação, experimentação e comparação) acrescidos do método histórico. O seu objeto de estudo são os fenômenos sociais, que devem ser estudados com o mesmo espírito que os fenômenos astronômicos, físicos, químicos e biológicos, regidos por leis naturais invariáveis. Assim, Comte defende a unidade metodológica entre as ciências naturais e as ciências sociais, acrescentando que o método positivo geral sofre modificações em cada ciência particular em razão dos fenômenos próprios que formam seu objeto de estudo. O método da Sociologia engloba os métodos das ciências naturais (observação, experimentação, comparação, classificação) e lhe acrescenta o método histórico, que realiza a comparação histórica dos diversos estágios do desenvolvimento da humanidade.

A sociologia de Comte apresenta dois elementos fundamentais. Em primeiro lugar, sua distinção entre estática e dinâmica e em segundo lugar sua doutrina dos três estados. A estática estuda as leis da sociedade, sua estrutura, e, na fase final de sua obra, relaciona-se com a Ordem. A dinâmica está ligada à evolução da humanidade, com a lei dos três estados, com o Progresso. A máxima "Ordem e Progresso" tem aí sua origem. Dentro da dinâmica se destaca a leis dos três estados. Segundo Comte, a humanidade ou o "espírito humano" teria passado por três estados: o estado teológico, o estado metafísico e o estado científico ou positivo. O primeiro é comandado por ideias sobrenaturais, que corresponde a "época teológica e militar"; o segundo é um estado transitório do primeiro ao terceiro comandado por ideias especulativas, correspondendo a uma "época legista e metafísica"; e o terceiro é o "modo definitivo de qualquer ciência", correspondente à "época científica e industrial". Esse progresso é nada mais do que a manifestação da lei da evolução social.

Augusto Comte será o representante de uma nova configuração histórica, na qual a burguesia já consolidou sua dominação e tinha que produzir ideologias que a tornassem legítima. A lei dos três estados era uma forte legitimação da dominação burguesa, pois o estado positivo, científico, racional, era a coroação do progresso da humanidade e seu estágio definitivo. Comte também deu um grande passo na constituição da sociologia enquanto ciência particular, abrindo caminho que seria desenvolvido por Émile Durkheim, seu discípulo e sistematizador da Sociologia como ciência positiva. Saint-Simon e Proudhon, ao contrário, irão inspirar Karl Marx (1813-1883) e sua teoria crítica da sociedade. Tanto Marx quanto Proudhon fizeram um julgamento severo de Comte. Marx diz ser "hostil a Comte" e que ele, como homem de ciência, merece por sua parte uma "opinião muito pobre". Proudhon chama Comte de "animal", julgando-o "o mais pedante dos sábios, o mais débil dos filósofos, o mais vulgar dos pensadores, o mais insuportável dos escritores".

Outro precursor da Sociologia foi o inglês Herbert Spencer (1820-1903). Spencer, ao contrário dos precursores anteriores, dedicou-se a diversas ciências, a começar pela Biologia, de onde deriva sua concepção evolucionista social, inspirada em Lamarck (1796-1894), passando pela Psicologia, até chegar à Sociologia.

Ele publicou diversas obras, entre as quais, *Princípios da Biologia*, *Princípios da Ética e Princípios da Psicologia*, e obras referentes a sua ciência preferida, a Sociologia. Nessa área, ele publica *Estática Social*, *Princípios de Sociologia e Estudo de Sociologia*.

Spencer era um evolucionista social, e não um "darwinista social", como se costuma dizer. Sua principal inspiração era a biologia evolucionista, mas a derivada de Lamarck, e não de Darwin. Aliás, este último é que se inspirou em algumas teses spencerianas para elaborar sua ideologia da evolução das espécies, principalmente a tese da "sobrevivência dos mais aptos" (tal como a tese da "luta pela sobrevivência", mas que também se encontra em outro inspirador de Darwin, o economista Thomas R. Malthus). Após a publicação da obra de Darwin, ele utiliza algumas ideias deste, mas continua sendo fundamentalmente lamarckista.

Para Spencer, a ideia de evolução era de aplicação universal, valendo para fenômenos inorgânicos, orgânicos e superorgânicos (sociais). A lei geral de todas as ciências era a da evolução e dissolução. Todas as estruturas passavam pelo processo de crescente diferenciação e crescente integração, isto é, quanto mais complexo o organismo, mais integrado ele é. A sociedade, para ele, é como o organismo dos indivíduos, possuindo órgãos de nutrição, circulação, coordenação e reprodução. Em seu livro *Princípios de Sociologia*, intitulou um capítulo expressando esta ideia: *A sociedade é um organismo*.

A evolução social começa com a evolução das sociedades simples para as sociedades compostas. A agregação de sociedades simples geram as sociedades compostas, cuja agregação gera as sociedades duplamente compostas e a agregação destas gera sociedades triplamente compostas. As sociedades simples são constituídas por famílias, as sociedades compostas por famílias reunidas em clãs, as sociedades duplamente compostas por clãs reunidos em tribos e as sociedades triplamente compostas por tribos reunidas em nações e Estados, tal como a sociedade moderna.

A evolução das sociedades expressa a passagem do Estado de tipo militarista para o Estado de tipo industrial. O Estado militarista

INTRODUÇÃO À SOCIOLOGIA

é centralizado, e a cooperação interna é compulsória, forma uma distinção rígida entre as classes sociais e executa a opressão das mulheres e a poligamia. O Estado industrial traz a harmonia e a paz, promove a livre iniciativa, a monogamia substitui a poligamia e ocorre a emancipação das mulheres.

Spencer assume a defesa do liberalismo e do modelo de sociedade da Inglaterra, seu país, e por isso era contra a intervenção estatal e defendia o *laissez-faire*. Sua concepção é nitidamente evolucionista e biologista, sendo o principal motivo para o esquecimento de sua obra no pensamento sociológico posterior à sua época, já que quando ele ainda estava vivo, adquiriu grande renome internacional. Spencer, dessa forma, mantém-se na mesma linha conservadora de Augusto Comte.

Apesar do conjunto de contribuições fornecidas por esses precursores da Sociologia, a emergência dessa ciência com um verdadeiro estatuto científico ainda terá de esperar o surgimento de novas abordagens, realizadas pelos seus pensadores clássicos, que serão analisados no próximo capítulo.

CAPÍTULO III.

Os pensadores clássicos da Sociologia

As revoluções burguesas e a formação do Estado Liberal promoveram amplo processo de burocratização das instituições, e um dos efeitos disso foi a formação das universidades modernas. Nesse período, a rivalidade entre filósofos e cientistas se acirra, e também as primeiras ciências humanas buscam se formar. Graças ao *status* e à respeitabilidade adquirida pelas ciências naturais, os intelectuais que queriam dedicar-se ao estudo das relações sociais passaram a se inspirar no modelo das ciências naturais.

Isso fez surgir a ideia de formação de uma ciência da sociedade. No entanto, as primeiras tentativas nesse sentido, tais como as de Saint-Simon, Proudhon, Comte e Spencer, entre outros, ainda não haviam conseguido desvencilhar-se da influência do pensamento filosófico. A maioria dos pensadores até então produziram "filosofias da história", e o embasamento empírico, muitas vezes anunciado e exaltado, manifestava-se extremamente deficiente. No final do século 19, três pensadores irão superar essas limitações e lançar as bases da constituição da ciência da sociedade: Karl Marx (1813-1883), Emile Durkheim (1858-1917), Max Weber (1864-1920). A ordem cronológica apresenta Marx como o primeiro e Durkheim e Weber posteriormente. A ambição de criar uma ciência da sociedade se encontra, porém apenas nos dois últimos, e por isso deixaremos para o final o primeiro por causa da especificidade de sua obra.

O Positivismo Clássico de Durkheim

Durkheim buscou construir a nova ciência, inspirando-se em Augusto Comte, mas indo além dele, superando suas limitações.

Durkheim buscou fornecer os fundamentos da nova ciência, apresentando os procedimentos metodológicos e construindo o objeto de estudo da Sociologia. A sua obra *As regras do método sociológico* (1895) cumpre o papel de fornecer a base metodológica e a especificidade e autonomia da Sociologia. Em primeiro lugar, Durkheim se declara discípulo de Comte, positivista e conservador como seu mestre. Defende, assim, a unidade metodológica entre ciências naturais e ciências humanas e sugere a aplicação dos métodos das ciências naturais no estudo dos fenômenos sociais. Além disso, defende a neutralidade dos valores, colocando que o sociólogo deve colocar-se diante dos fenômenos sociais como o físico o faz, afastando todos os seus preconceitos, prenoções, etc. Nessa obra ele apresenta várias observações sobre a aplicação do método sociológico, analisando a necessidade de se compreender não somente a função, mas também a causa dos fatos sociais, que deve remeter a outros fatos sociais. Ele condena a tese da "pluralidade de causas" de Stuart Mill (1806-1873) e defende a ideia de que somente existe uma causa para um efeito e que este só pode ser gerado por uma única causa e que a explicação dos fatos sociais ocorre através de uma relação de causalidade, sendo que somente os fatos sociais anteriores podem explicar os posteriores, e a análise sociológica se torna completa quando se analisa a função, o que deve ser feito posteriormente à descoberta da causa.

Além de pregar a neutralidade, Durkheim busca apresentar o objeto próprio de estudo da Sociologia, para desvinculá-la da Filosofia e da Psicologia. O objeto de estudo da Sociologia é o fato social. Ele definiu os fatos sociais através de uma célebre frase: *os fatos sociais são coisas*. O fato social, na definição durkheimiana, é objetivo, exterior, coercitivo e independente do indivíduo. Tais fatos sociais são como os objetos do mundo físico e por isso são tão objetivos quanto os fenômenos naturais. Esses fatos sociais podem ser exemplificados pelos papéis sociais dos indivíduos (de marido, pai, filho, esposa, cidadão, etc.) e por fenômenos como as regras morais, o sistema financeiro, etc. Um indivíduo, afirma Durkheim, não é obrigado a usar a moeda nacional nem a língua dos compatriotas, mas, se assim proceder, encontrará pela frente a coercitividade dos fatos sociais, que pode manifestar-se sob a forma de condenação moral, isolamento, etc. Em casos mais graves de ruptura com as normas sociais, a coerção pode significar a prisão ou outra forma mais grave de retaliação.

Assim, Durkheim busca legitimar uma ciência da sociedade, já que seu objeto de estudo é dotado de objetividade tanto quanto qualquer outro fenômeno. O indivíduo, nesse caso, é coagido pelo fato social, compreendido como uma totalidade que é mais do que a soma das partes (os indivíduos). Os fatos sociais predominam sobre os indivíduos, sendo objetivos e coercitivos. Isso possibilita, também, a neutralidade, visto que basta ao sociólogo apreender a realidade de forma objetiva, tomando os fatos sociais como coisas, para afastar suas pré-noções e preconceitos. Isso é reforçado pela tese durkheimiana segundo a qual a explicação de um fato social remete a um fato social anterior, e não a elementos extrassociais, tal como no caso do suicídio, que não pode ser explicado sociologicamente por problemas de ordem mental, e sim por outro fato social.

Durkheim se esforça para declarar a autonomia e a especificidade da Sociologia e para isso a distingue da Psicologia e da Filosofia. Ele afirma que toda ciência passa por uma "fase ideológica", e o mesmo ocorreu com a Sociologia. As obras de Comte e Spencer ainda estavam demasiadamente presas ao pensamento filosófico, e esses pensadores, mesmo remetendo ao estudo empírico, acabavam confundindo a coisa e a ideia, os fenômenos objetivos e as concepções que eles tinham a respeito deles. A Psicologia estuda os fenômenos da consciência individual, enquanto que a Sociologia estuda a consciência coletiva (que mais tarde ele denominará "representações coletivas"), segundo postulado durkheimiano. Para ele, a sociologia é uma ciência autônoma e distinta das demais e isso se revela principalmente no seu objeto de estudo, bem como se distingue da Filosofia em razão de sua objetividade e pelo fato de se remeter ao empírico.

Durkheim demonstra em sua produção forte influência da Biologia, tal como Spencer e Comte, e sua obra *Da divisão social do trabalho*, de 1893 (sua primeira obra importante publicada), expressa isso. Nessa obra, Durkheim busca explicar a passagem da "solidariedade mecânica" para a "solidariedade orgânica", isto é, duas formas de divisão social do trabalho que, em outras palavras, expressam a passagem das sociedades pré-capitalistas, tradicionais, para a sociedade capitalista. As sociedades baseadas na "solidariedade mecânica" são mantidas coesas pelo consenso moral ao passo que as sociedades baseadas na "solidariedade orgânica" se fundamentam num sistema de troca baseado na divisão social do trabalho. Ele busca comprovar a transição de uma forma de solidariedade para outra através do sistema de leis, e essas envolvem, necessariamente, sanções. Ele distingue entre dois tipos de sanção: as repressivas e as restitutivas. As sanções repressivas estão ligadas a uma forte consciência coletiva e ordenamento moral enquanto que as sanções restitutivas estão ligadas ao processo de restauração da situação anterior ao rompimento com a lei. Durkheim busca comprovar empiricamente a passagem da solidariedade mecânica para a solidariedade orgânica mediante a análise do desenvolvimento dos sistemas de leis, a transição da lei repressiva para a lei restitutiva, exemplificada no direito comercial e civil.

Durkheim dividiu a Sociologia em três partes: a sociologia geral, dedicada ao estudo da história da disciplina, sua relação com outras disciplinas (Psicologia, Filosofia), sua metodologia, e seus elementos básicos (teoria da sociedade); a fisiologia geral, constituída pelo que hoje se chama "sociologias especiais", tal como a sociologia religiosa, a sociologia moral, a sociologia jurídica, a sociologia estética, a sociologia linguística, etc.; e a morfologia social, voltada para a questão geográfica, movimentos migratórios, e fenômenos semelhantes, isto é, o estudo da base geográfica das populações e seus movimentos.

Durkheim efetivou um conjunto de outros estudos sobre os mais variados fatos sociais, tais como a educação, o suicídio, as representações coletivas. Em sua obra *Educação e Sociologia*, Durkheim retoma sua tese (já exposta sucintamente em *As regras do método sociológico* e depois retomada em um artigo sobre o tema da natureza humana) de que existe uma dualidade na natureza humana: de um lado, o ser individual e egoísta; do outro, o ser social. A educação é um processo de socialização na qual o indivíduo é preparado para viver em sociedade, tornando-se um ser social. Ele percebe no processo educacional duas funções: a função homogeneizadora e a função diferenciadora a primeira voltada para a formação do cidadão, do ser social em geral, e a outra para a formação para o grupo (classe social, categoria profissional, etc.) a qual se destina o indivíduo. Em razão disso, ele crítica vários autores, como o filósofo alemão Kant (1724-1804) e o economista Stuart Mill, já que ambos defendiam a formação do homem integral, tendo em vista que segundo Durkheim, a divisão social do trabalho promove a necessidade de homens especializados e por isso a tese desses pensadores é deslocada da realidade.

Em *O suicídio* (1897), ele analisa as várias formas de suicídio após realizar a crítica da literatura existente e lança mão amplamente de dados estatísticos para apresentar sua tese que relaciona suicídio e sociedade, criando verdadeira tipologia dos suicídios e vendo que esse fenômeno está ligado à sociedade moderna e a certos grupos sociais (os jovens tendem mais ao suicídio do que os mais velhos; os solteiros mais que os casados; os protestantes mais que os católicos). Ele argumenta que a sociedade tradicional com a ligação entre indivíduo e sociedade sendo mais forte, por causa da solidariedade mecânica, não incentiva esse fato social. A sociedade capitalista, ao contrário, sendo fundada na solidariedade orgânica e com laços frouxos entre indivíduo e comunidade e marcada pelo individualismo moral, proporciona uma situação propícia ao suicídio, principalmente em certos grupos sociais, os com laços familiares menos fortes e concepções mais individualistas. Durkheim desenvolve a ideia de anomia para explicar uma das principais formas de suicídio. Ele aborda o suicídio egoísta e o suicídio anômico. O suicídio egoísta está ligado à expansão do individualismo moral, que se aproxima do egoísmo, e o suicídio anômico está ligado à transição da solidariedade mecânica para a solidariedade orgânica, um período no qual a consciência coletiva e moral se enfraquece, mas que tende a se fortalecer com a remoralização da sociedade. Nas sociedades pré-capitalistas, fundadas na solidariedade mecânica, predomina o suicídio altruísta, tal como em certas sociedades na qual o "matar-se" aparece como uma obrigação, como se vê expresso na esposa que deve suicidar-se após a morte do marido.

Em *As formas elementares da vida religiosa* (1912), Durkheim se dedica ao estudo das representações coletivas, tomando o totemismo como a forma mais simples de religião para apresentar sua tese de que tais representações são expressão da vida social, e são fatos sociais, possuindo a mesma objetividade e externalidade, bem como coercitividade e generalidade, que qualquer outro fato social.

A obra de Durkheim demonstra forte preocupação com a questão moral numa sociedade organizada através da solidariedade orgânica. Os cursos ministrados por ele entre 1890 e 1900 em Bordéus e depois retomados na Sorbonne (1904, 1912) e postumamente publicados sob o título de *Lições de Sociologia: Física dos Costumes e do Direito*, expressam essas preocupações como centrais em seu pensamento. As mudanças sociais foram rápidas e profundas e isso fez com que a moral correspondente à solidariedade mecânica passasse a ser obsoleta, e não apareceu outra moral para substituí-la. Isso cria o que Durkheim denominou "estado de anomia".

É nesse contexto que Durkheim apresenta suas teses sobre "moral cívica" e "moral profissional". O crescimento da divisão social do trabalho promove uma diferenciação crescente entre Estado e sociedade civil. Ele condena as teses de que essa diferenciação deva ser abolida, já que isso significaria a volta a um tipo de sociedade obsoleta. O Estado contribui com o desenvolvimento do individualismo moral e em certos casos pode prejudicar as liberdades individuais. Ele tem a função de coordenar a sociedade civil e satisfazer as necessidades individuais, além de suas funções morais. Mas, por perceber que o Estado pode prejudicar as liberdades individuais, ele considera que existem grupos secundários, que ele denomina corporações, que podem não só cumprir a função de manter a diferenciação entre Estado e sociedade civil como servir de resistência para uma exagerada intervenção estatal nos assuntos privados e profissionais. Além disso, o individualismo

INTRODUÇÃO À SOCIOLOGIA

moral proporciona uma moral geral, mas não uma moral para os sistemas ocupacionais (categorias profissionais, corporações) e este é outro papel que Durkheim atribui às corporações: a fundação de uma moral profissional. Assim, a coesão social fica garantida por esta nova base moral da sociedade fundada na solidariedade orgânica: a moral cívica e a moral profissional.

Assim, Durkheim apresentou uma grande contribuição para a consolidação da Sociologia como ciência. Ele foi responsável pela delimitação do campo de estudo da Sociologia (os fatos sociais), apresentou os procedimentos metodológicos para tal, produziu diversas obras visando colocar em prática suas teses.

No entanto, Durkheim não se limitou a buscar construir a Sociologia apenas no nível intelectual. Ele também se dedicou a constituir a Sociologia no nível institucional. Para tanto, ele realizou um conjunto de atividades visando institucionalizá-la. Um decreto ministerial de 20 de julho de 1887 o nomeia professor de Pedagogia e Ciência Social na Universidade de Bordéus. Em 1897 funda *L'Année Sociologique*, revista que abre a *Bibliotèque de Sociologie Contemporaine*, da Editora Alcan, que será, segundo Timashelf, o órgão de orientação da sociologia francesa durante muitos anos. Ele se cerca de um conjunto de colaboradores que irão contribuir com sua tarefa de produzir uma sociologia científica, e nomes como os de Marcel Mauss (1872-1950), seu sobrinho, Maurice Halbwachs (1877-1945), Paul Falconnet (1874-1938), François Simiand (1873-1935), entre outros, irão ser responsáveis por diversos trabalhos, artigos, resenhas e pesquisas de orientação durkheimiana. Posteriormente, em 1902, ele é nomeado em Paris para substituir Fernand Buisson, e em 1913 se torna a "Cátedra de Sociologia" da Sorbonne.

Assim, Durkheim cumpriu papel fundamental na consolidação da Sociologia, tanto do ponto de vista intelectual quanto institucional. Isso, no entanto, não lhe tornou imune a críticas, algumas já em sua época e uma quantidade muito maior nas épocas seguintes. Vários aspectos de sua sociologia foram criticados por variados pontos de vista.

Em primeiro lugar, o conservadorismo e o positivismo de que ele mesmo declarava ser partidário foram motivo de várias críticas. A sua preocupação excessiva com o problema moral remontava não somente Comte como também o chamado "pensamento conservador" – expresso por Joseph De Maistre (1753-1821), Edmund Burke (1754-1840), Louis De Bonald (1754-1840), entre outros, críticos do capitalismo num sentido retrógrado – que voltava suas preocupações para a família, as instituições, a moral e condenavam o capitalismo, ressaltando as virtudes da sociedade feudal; por isso foram denominados "profetas do passado". Durkheim retoma o pensamento conservador mas num novo contexto histórico, com o capitalismo consolidado e assim substitui o pensamento conservador pré-capitalista por um pensamento conservador moderno, capitalista.

Em segundo lugar, sua tese da unidade metodológica entre ciências naturais e ciências humanas foi amplamente contestada pelos mais variados pontos de vista. Muitos sociólogos posteriores irão defender a necessidade de métodos específicos para a sociologia e as ciências humanas em geral, argumentando que o objeto próprio de estudo da Sociologia exige métodos próprios. A ideia de que cada efeito tem apenas uma causa é questionada e considerada reducionista, isto é, reduz a complexidade de determinações de determinado fenômeno a apenas uma causa, o que proporciona uma ideia equivocada de sua constituição.

A sua concepção de que os fatos sociais são "coisas" também foi amplamente questionada. Alguns argumentam que os fatos sociais são produzidos pelos indivíduos e, portanto, a ideia de exterioridade e coercitividade não é aceitável. Outros colocam que o sociólogo não pode tratar os fatos sociais como coisas, pois eles estão envolvidos com tais fatos sociais e sendo assim não se podem colocar na mesma posição de um físico, um químico ou um fisiologista diante de um fenômeno natural.

Além disso, algumas obras e teses específicas de Durkheim foram objetos de críticas as mais variadas. A sua concepção das representações coletivas, do suicídio, da educação, entre outras, receberam várias críticas. A oposição às teses de Durkheim ocorre por parte de marxistas, fenomenologistas, weberianos, bem como de outras posições sociológicas.

No entanto, a obra de Durkheim possui não somente o valor histórico decorrente de sua contribuição para a consolidação da Sociologia como ciência particular, como exerceu forte influência no desenvolvimento histórico dessa ciência. Ele foi um inspirador da sociologia funcionalista e foi consagrado como um dos clássicos da Sociologia, bem como exerceu influência sobre vários sociólogos posteriores. Além disso, suas incursões na área da educação e da religião, entre outras, tornaram-se estudos clássicos e influentes em diversas sociologias especiais, destacando-se na sociologia da educação e da religião. De certa forma, sua influência ultrapassou as fronteiras da Sociologia e penetrou em algumas ciências vizinhas, tal como é o caso da historiografia, na qual se vê forte influência sobre a primeira geração da chamada Escola dos Annales, expressa por historiadores renomados como Marc Bloch (1886-1944) e Lucien Febvre (1878-1956), e da antropologia, na sua corrente funcionalista (Malinowski, Radcliffe-Brow, Evans-Pritchard).

A Sociologia Tipológica de Weber

Na Alemanha, a sociologia tem um surgimento singular, e o nome do grande responsável pelo surgimento da ciência da sociedade nesse país é Max Weber. O contexto social e cultural alemão, porém, difere bastante do francês e a origem da sociologia alemã apresenta, justamente por causa disso algumas especificidades. Max Weber tinha como objetivo fundar a Sociologia como ciência e para isto também se dedicou a construir um objeto de estudo próprio e métodos próprios de análise para a nova disciplina científica.

Max Weber, ao contrário de Durkheim, defendeu a necessidade de uma metodologia própria para as ciências humanas, distinta da metodologia das ciências naturais. A origem dessa tese remonta pensadores como o filósofo Kant e os chamados "historicistas alemães". Na França, os reformadores sociais, socialistas utópicos, posteriormente aos filósofos iluministas, inclusive aqueles que se dedicaram a uma filosofia política (Locke, Rousseau, Montesquieu, etc.) abriram um caminho de transição da Filosofia à ciência social, enquanto que na Alemanha, as ciências humanas foram derivadas imediatamente da Filosofia.

A filosofia alemã se considerava uma revolução no pensamento e isso foi expresso nas obras de Kant e Hegel, entre outros. O desenvolvimento capitalista incipiente na Alemanha e a influência das ideias de outros países, principalmente França e Inglaterra, proporcionava saltos e anacronismos que explicam parte de sua especificidade intelectual nos séculos 18 e 19. Enquanto que, na França e na Inglaterra, o século 19 foi marcado pela consolidação das ciências humanas – já esboçada no século anterior –, em plena época de cientificismo, com forte recuo do pensamento filosófico, na Alemanha a filosofia continuava forte e atuante, e as ciências humanas eram incipientes, e a ambição científica estava ligada à tradição filosófica. A reflexão filosófica sobre as ciências permitiu a superação da ingenuidade do positivismo clássico de Comte e Durkheim.

Kant abriu uma perspectiva na reflexão filosófica sobre as ciências que teria desenvolvimentos posteriores no neokantismo e no historicismo. Para Kant, as ciências da natureza tratam de objetos de estudo que remetem à causalidade mecânica (física, química) e à causalidade teleológica (biologia) em razão de seus respectivos objetos de estudo, a matéria e os seres vivos. No entanto, as ciências do homem remetem a um objeto dotado de liberdade. Desta forma, as ciências naturais estariam ligadas à heteronomia, e as ciências do homem à autonomia, e por isso seu estudo seria empírico. Esse postulado concebe, assim, uma diferenciação entre ciências naturais e ciências humanas, tanto no objeto quanto no método, em oposição à defesa da unidade metodológica feita pelo positivismo clássico de Comte e Durkheim.

Os filósofos historicistas, sendo seus mais conhecidos representantes Wilhelm Dilthey (1833-1911), Windelband (1848-1915) e Rickert (1863-1936), fundamentam suas análises na distinção entre ciências naturais e ciências do espírito. Para Dilthey, a realidade seria dividida, e a distinção entre ciências naturais e ciências humanas se encontraria no objeto de estudo. Para Rickert e Windelband, a realidade é una, e o que distingue as ciências é o método, e esse pode procurar descobrir leis ou a singularidade do fenômeno. Daí eles distinguem entre dois tipos de ciências: ciências nomotéticas, voltadas para a descoberta de leis, e ideográficas, buscando descrever o singular, na concepção de Windelband ou ciências da natureza e ciências da cultura, segundo a concepção de Rickert. Os métodos foram denominados, para as ciências nomotéticas ou naturais, de método generalizante e para as ciências ideográficas ou da cultura, método individualizante.

Weber vai receber a influência tanto de Kant quanto dos historicistas alemães, embora também mantenha diferenças em relação às concepções apresentadas por eles. Ele defende a tese da distinção entre ciências naturais e ciências humanas – uma vez que as primeiras buscam a explicação, as leis, e as ciências do homem buscam a compreensão dos fenômenos singulares – e propõe um método próprio para as últimas, que ele denomina "método compreensivo". Não se trata, nas ciências humanas e mais especificamente na Sociologia, de buscar descobrir leis e sim de compreender o fenômeno.

O seu método tem como elemento principal e constantemente presente em suas obras a produção de tipologias que ele buscou sistematizar através da noção de *tipo ideal*. O tipo ideal é uma construção do sociólogo para fins da pesquisa. Na verdade, o tipo ideal weberiano é uma construção subjetiva do pesquisador. Weber considera que a realidade é inesgotável, infinita. Nenhum conceito pode dar conta dela. O tipo ideal corresponde ao método individualizante e é uma acentuação unilateral de aspectos da realidade e que, portanto, não exprime uma verdade autêntica, objetiva. Assim, o tipo ideal nunca se encontra ou raramente se encontra em "estado puro" na realidade. O método compreensivo weberiano se fundamenta na construção de tipos ideais, verdadeiras tipologias. É por isso que se vê em sua obra os tipos de ação social, os tipos de dominação legítima, os tipos de capitalismo, os tipos de educação e assim por diante.

No entanto, Weber mantém um ponto de ligação com o positivismo clássico: a defesa da neutralidade axiológica. Para Weber, o sociólogo deve ser neutro no momento da análise, não cabendo a ele defender reformas sociais ou indicar qual é o melhor modelo de sociedade. O sociólogo deve se colocar na mesma posição que um médico, pois este não pergunta sobre o valor da vida ou se ela vale a pena, mas executa o seu trabalho em prol da saúde e em defesa da vida. Assim, o sociólogo não deve avaliar a sociedade, e sim pesquisá-la, de forma neutra, sem tomar partido.

O método compreensivo é, portanto, o método da Sociologia. Mas qual é o objeto dessa ciência? Weber definiu a ação social como objeto de estudo da Sociologia. O que é a ação social? Segundo Weber, nem toda ação que ocorre na sociedade é ação social. A ação social é aquela que o sujeito atribui um sentido à sua ação que está voltado para a ação dos outros. Um acidente entre dois ciclistas não é uma ação social, visto que o sentido da ação dos agentes envolvidos no acidente não estava voltado para o outro. Da mesma forma, quando começa a chover e vários indivíduos abrem o guarda-chuva, esse ato não constitui uma ação social. A ação social pressupõe um sentido e, mais que isso, que ele esteja voltado para outros. Se um homem faz uma serenata para uma mulher, temos aí uma ação social, já que o sentido da ação estava voltado para outra pessoa. Se um ciclista colide com outro intencionalmente para prejudicá-lo, isso também é uma ação social.

Weber coloca que a ação social pode ser unilateral ou bilateral. A ação é unilateral quando apenas um sujeito atribui o sentido de sua ação à outra pessoa e é bilateral quando a outra pessoa também executa uma ação social com sentido voltado para o primeiro agente. Nesse caso de ação social bilateral, que é recíproca, temos uma relação social. O amor não correspondido é uma ação social unilateral, e o correspondido é bilateral, constituindo uma relação social.

Weber também elabora uma tipologia da ação social. Para Weber, existem quatro tipos de ação social: a ação social afetiva, a ação social tradicional, a ação social racional com relação a valores, a ação social com relação a fins. A ação social afetiva se orienta pela afetividade que pode ser expressa no amor, no ódio, na amizade, na paixão. A ação social tradicional se orienta pela tradição, pelos costumes. A ação social racional com relação a valores se orienta por valores utilizando meios racionais. A ação social racional com relação a fins se orienta pela racionalidade tanto nos meios quanto nos fins.

A principal obra de Weber, *A ética protestante e o espírito do capitalismo* (1904), apresenta a importância que ele fornece à ação social racional. Partindo da ideia de que o catolicismo com sua condenação da usura, seu "comunitarismo" (em oposição ao individualismo), entre outras características, opunha-se ao desenvolvimento do capitalismo e da acumulação de capital, ele encontrou no protestantismo uma possibilidade para o desenvolvimento da ação social racional. O protestantismo era movido por valores como os do trabalho, ascetismo, individualismo, etc., que eram fortes incentivos para o desenvolvimento de atividades capitalistas e a acumulação de capital. Assim, a ética protestante, que era uma ação racional com relação a valores, abriu caminho para a racionalização, o racionalismo de tipo ocidental, isto é, uma ação social racional com relação a fins. Essa obra histórica que analisa as doutrinas de Calvino e Lutero, bem como o processo histórico ocorrido na Alemanha, tornou-se uma das obras clássicas do pensamento sociológico.

O conjunto da obra de Weber mostra, como colocou o sociólogo norte-americano Wright Mills, o processo de racionalização/burocratização do mundo ocidental. Esse era o tema básico e fundamental de Weber, perpassando todas as suas obras, uma vez que ele buscava compreender a gênese do racionalismo ocidental e utiliza o método comparativo, comparando as religiões, as formas de burocracia, desde a cultura antiga até a cultura oriental.

Assim, Weber não só buscou construir o objeto de estudo da Sociologia como também apresentou uma proposta metodológica específica para essa ciência, o método compreensivo. Ele também aplicou esse método e desenvolveu várias pesquisas sociológicas. Além do seu mais famoso livro, *A ética protestante e o espírito do capitalismo*, e dos seus escritos sobre *Metodologia das Ciências Sociais*, ele dedicou vários estudos aos mais variados fenômenos sociais: *História geral da Economia* (1927, obra publicada com base em notas de alunos referentes a cursos ministrados por Weber); *História agrária romana* (1891), *Ensaios reunidos sobre Sociologia das Religiões* (1913, publicado originalmente na revista *Arquivos para a Ciência Social e Política Social* e depois sob a forma de livro em 1922) e uma diversidade de artigos publicados e obras inacabadas, como, *Economia e sociedade* (1922, publicação póstuma) e *Os fundamentos racionais e sociológicos da música* (escrito em 1911 e publicado pela primeira vez em 1958 – consistindo apenas na primeira parte, dedicada aos fundamentos racionais da música, pois a segunda, dedicada aos fundamentos sociológicos, não foi escrita).

Um dos seus estudos mais influentes é o trabalho sobre a burocracia. Weber apresenta o tipo ideal de burocracia, colocando suas características, texto que se tornou um clássico da sociologia da burocracia. Também realizou vários ensaios sobre as religiões orientais, bem como fez um estudo sobre os letrados chineses. Além disso, discutiu temas como a cidade, classes sociais e *status*, entre outros temas. Em todos esses estudos se vê a preocupação com o processo de racionalização do Ocidente.

Tal como Durkheim na França, Weber não se limitou a lançar as bases intelectuais da Sociologia como ciência, mas também se dedicou a lhe fornecer as bases institucionais. Em 1894, aceitou a cátedra de Economia Política em Friburgo e, em 1897 substituiu Knies, economista representante da Escola Histórica. Em 1903, juntamente com Werner Sombart e Ergard Jaffe, funda a revista *Arquivos para a Ciência Social e Política Social*. Instituiu, em 1910, com os sociólogos Ferdinand Tönnies e Georg Simmel a Sociedade Alemã de Sociologia. Em 1918, assume a Cadeira de Sociologia criada em Viena especialmente para ele. A revista serviu para aglutinar algumas pessoas em torno dele e assim ele conseguiu exercer certa influência, embora não da mesma forma que Durkheim, que, segundo alguns, "sozinho era uma escola", pois sobre aqueles que ele exercia influência, na maioria dos casos, não se tornavam puramente weberianos, com raras exceções. Uma dessas exceções foi seu irmão, Alfred Weber. Mas ele acabou conseguindo influenciar pensadores

INTRODUÇÃO À SOCIOLOGIA

importantes posteriormente: os sociólogos Karl Mannheim e Georg Simmel e o filósofo Georg Lukács.

Tal como Durkheim, Weber também sofreu inúmeras críticas, sob pontos de vista diversos. Uma das críticas endereçadas a ele reside na sua metodologia, considerada "subjetivista". Além disso, a sua construção de tipos-ideais desconsidera a totalidade e produz um isolamento dos fenômenos, construindo os tipos através de características gerais, o que faz com que qualquer outro fenômeno que tenha algumas dessas características, mesmo num contexto totalmente diverso e assumindo forma e função diferentes, possa ser considerado exemplo típico. Os tipos puros de capitalismo, racionalismo e burocracia são os da sociedade moderna e por isso ele pode constatar a existência de outros tipos de capitalismo, racionalismo e burocracia em sociedades pré-capitalistas, o que não deixa de ser anacrônico.

A sua delimitação do objeto de estudo da Sociologia, a ação social, também é problemática. Ela possui uma orientação que alguns chamariam de "subjetivista" ou "psicologista". Sem dúvida, isso está diretamente ligado à sua metodologia e tanto a definição do objeto quanto a metodologia apresentam limitações, além do problema do "psicologismo" ou do "subjetivismo".

Sua defesa da neutralidade axiológica foi combatida extensamente por diversos pensadores e sociólogos. Para muitos, tal neutralidade é impossível. Para outros não passa de um "mito". Há aqueles que dizem que Weber entrou em contradição com seu próprio princípio, já que suas concepções e seus textos não tinham nada de "neutro", tal como se vê nos seus discursos e textos sobre a Universidade ou o Estado nacional alemão.

A sua análise do processo de racionalização e burocratização da sociedade moderna tem relevância empírica, mas não teórica e explicativa, já que ele percebe alguns aspectos contidos nesse fenômeno, mas os autonomiza e assim perde de vista o seu processo social de engendramento. Em sua obra *A ética protestante e o espírito do capitalismo*, onde ele trabalha mais aprofundadamente esse processo de racionalização do Ocidente, ele comete alguns equívocos e recebeu inúmeras críticas. O sociólogo francês Armand Cuvillier (1887-1973), por exemplo, afirma que a relação entre a ética protestante e o espírito do capitalismo poderia ser facilmente invertida. Aliás, é isso que faz o sociólogo Michael Löwy (1938-), e cita o exemplo da avaliação que Weber faz de Benjamin Franklin, considerado um representante típico do capitalismo e de seu "espírito", que teria retirado suas concepções da formação religiosa protestante de seus pais, e não das relações sociais capitalistas, incipientes na Pensilvânia, onde morava. Löwy contra-argumenta dizendo que Benjamin Franklin viveu até os 17 anos em Boston, a cidade mais industrializada e capitalista dos Estados Unidos; que viveu na Filadélfia, terceira cidade industrial dos EUA, mais tempo do que na Pensilvânia, e morou muitos anos em Londres, a capital mundial do capitalismo na época. Já o sociólogo espanhol Juan Marsal diz que o livro *A ética protestante* é muito fraca, a mais fraca de Weber, sendo sua obra mais divulgada, mas feita de forma apressada e que "foi refutada em muitos aspectos pelos historiadores".[5]

Mas, também igualmente a Durkheim, a obra de Weber tem valor histórico para a consolidação da sociologia científica e exerceu notável influência no desenvolvimento dessa ciência. Suas obras e teses se tornaram bastante influentes não só na Alemanha mas na Europa e em outros países como os Estados Unidos. Weber se tornou um clássico da Sociologia e exerceu e continua exercendo forte influência na Sociologia contemporânea. Weber é tomado como referência obrigatória em algumas sociologias especiais, tal como a sociologia da burocracia, a sociologia da religião e a sociologia política. Também influenciou outras ciências particulares, tais como a historiografia e a ciência política. A sua obra também traz amplo material informativo sobre vários fenômenos, inclusive as sociedades orientais. Além disso, muitos

---

[5] Para ver estas críticas a Weber, veja: MARSAL, Juan. *Conhecer Max Weber e sua obra.* Lisboa: Ulisséia; LÖWY, M. *As aventuras de Karl Marx contra o Barão de Münchausen.* 2. ed., Rio de Janeiro, Busca Vida, 1988; CUVILLIER, Armand. *Introdução à Sociologia.* 3. ed., São Paulo, Nacional, 1979.

INTRODUÇÃO À SOCIOLOGIA

autores buscam extrair de Weber uma abordagem crítica da burocracia, da racionalização e da sociedade moderna, muitas vezes
unindo suas teses com as de Karl Marx.

A teoria da sociedade de Marx

O terceiro clássico da sociologia é Karl Marx. No entanto, esse
é um pensador diferente dos dois anteriores. Enquanto Durkheim e
Weber lutavam para construir a Sociologia mediante ações intelectuais e institucionais, Marx não tinha a menor pretensão de criar
alguma ciência particular. Ao contrário, Marx realizou, em várias
oportunidades, diversas críticas às ciências particulares, por causa
de sua parcialidade. Além disso, Marx, após concluir seus estudos
universitários com sua tese doutoral *A filosofia da natureza em De-
mócrito e Epicuro* (1838), preparou-se para assumir uma cátedra em
Bonn, mas isso não deu certo, e ele aderiu ao jornalismo e nunca
mais entrou numa universidade. Ele nunca procurou um vínculo
institucional nem fazer da profissão o seu modo de vida, tal como
fizeram Durkheim e Weber. Assim, ele não tinha nenhum interesse
pessoal em formar uma ciência particular. Sua formação apontava
para pensar a realidade como uma totalidade, sem os recortes reali-
zados pelas ciências particulares.

Seu engajamento político foi fundamental para sua produção
teórica posterior à sua tese doutoral, e assim ele se dedicou a elaborar uma teoria da sociedade capitalista para perceber suas contradições e as possibilidades e tendências de transformação social. Ao
elaborar sua teoria do capitalismo e realizar vários apontamentos
sobre questões metodológicas, históricas, entre outras, ele acabou
produzindo uma obra que muitos consideram sociológica mas que
outros consideram "econômica", "política", "filosófica", "historiográfica", etc., em razão do conjunto de questões que ele abordava.
Assim, Marx se tornou um clássico da Sociologia sem nunca ser
sociólogo e nunca ter se autointitulado assim, bem como é considerado também um clássico da Filosofia, da Economia e da Historiografia, sem ser filósofo, economista e historiador. Isso sem falar na
influência que exerceu em todas as demais ciências humanas e até
mesmo em algumas ciências naturais.

Marx iniciou seus estudos na área do Direito mas acabou transferindo-se para a Filosofia. O seu engajamento político lhe proporcionou-lhe uma vida extremamente atribulada, já que foi expulso da Alemanha e depois da França, indo para a Inglaterra, onde viveu o resto de sua vida. A sua formação teve origem na filosofia alemã. Marx tinha amplo conhecimento dos filósofos alemães, desde Kant e Fichte (1762-1814), os dois autores que primeiro lhe interessaram, passando por Hegel; sendo que ele foi um hegeliano durante muito tempo, até chegar aos "hegelianos de esquerda" (corrente da qual ele fez parte junto com Bruno Bauer e Arnold Ruge, entre outros), incluindo Ludwig Feuerbach (1804-1872). Ele também dedicou vários estudos à filosofia antiga, sendo até tema de sua tese doutoral.

Posteriormente, ele cada vez mais passou a se interessar por assuntos considerados "econômicos", em razão de seu trabalho jornalístico, bem como foi tomando conhecimento da literatura socialista. Assim, tornou-se um conhecedor da Economia Política Inglesa, especialmente Adam Smith e David Ricardo e dos socialistas utópicos, especialmente Proudhon, Saint-Simon, Grachus Babeuf, Robert Owen, entre outros. Ainda na Alemanha, rompe com o hegelianismo e começa a efetivar a crítica de Hegel e Feuerbach, sem, no entanto, descartá-los por completo. Ele acaba aderindo ao pensamento socialista e começa a se corresponder com socialistas de vários países. Com sua ida para a França, trava contatos mais amplos com pensadores socialistas (Proudhon, Bakunin, etc.) e amplia o seu já extenso leque de leituras. Passa a aprofundar seus estudos dos economistas e historiadores, entre outros, e, quando chega a Inglaterra, escreve parte de sua grande obra *O capital*, que ficou inacabada, na qual faz uma análise do modo de produção capitalista. Sua militância política se iniciou na Alemanha, na Liga dos Comunistas, e depois se estendeu sob outras formas até a fundação da Associação Internacional dos Trabalhadores. Antes de ser expulso da Alemanha, trava contato com Friedrich Engels, que se tornará seu amigo e colaborador pelo resto de sua vida, embora a amizade e colaboração só tenham início após a chegada de Marx em Paris. Engels também era um hegeliano, filho de industrial, e já escrevia textos importantes sobre Filosofia, economia política e preparava material para sua futura obra *A situação da classe trabalhadora na Inglaterra*.

Uma das mais fortes e permanentes influências no pensamento de Marx foi a do filósofo Georg F. Hegel (1770-1831). Marx foi durante um bom tempo um "hegeliano de esquerda" ao lado dos irmãos Bauer (Bruno e Edgard), de Arnold Ruge, entre outros. Mas ele vai rompendo progressivamente com a filosofia hegeliana, e as obras de Ludwig Feuerbach acabam lhe influenciando. Feuerbach, também um ex-hegeliano, realizava uma crítica à filosofia hegeliana e passa a ser influente na Alemanha. Marx, mesmo depois de começar a efetivar a crítica de Feuerbach, sempre reconheceu a importância desse pensador, bem como de Hegel. Marx combateu o idealismo hegeliano, a sua tese de que a história é o desenvolvimento da razão, mas nunca abandonou a dialética como método de análise. A dialética hegeliana, no entanto, era claramente idealista, e Marx busca transformá-la em dialética materialista. Feuerbach já havia dado o primeiro passo nesse sentido ao efetivar a crítica da filosofia hegeliana do ponto de vista materialista. A oposição entre idealismo e materialismo significava a oposição entre a crença de que as ideias constituem o mundo ou a matéria. Obviamente, tanto o idealismo quanto o materialismo vão assumir formas diferentes na história do pensamento ocidental. A concepção de matéria, por exemplo, depende do pensador em questão. Se Hegel pensava que a história é a história da razão, Feuerbach vai afirmar que a história é o desenvolvimento da essência humana, do ser humano genérico. Embora existam em Feuerbach elementos de reconhecimento de que não se trata de um "ser genérico" fora da história e das mudanças sociais, ele não irá levar isso até as últimas consequências.

Marx irá intervir na polêmica de Feuerbach contra Hegel, afirmando que Feuerbach tem razão, mas se esquece de que a "essência humana" é constituída historicamente, que o ser humano é "as relações sociais" e o seu processo histórico de engendramento. Hegel conseguia ver a historicidade do mundo através da sua dialética do desenvolvimento da razão na história, e Feuerbach conseguia perceber a materialidade da história na essência humana, mas Hegel perdia a materialidade de vista, e Feuerbach perdia a historicidade. A tarefa que se propôs Marx foi reunir materialidade e historicidade, fundando o que posteriormente foi chamado de materialismo histórico. A história não é o desenvolvimento da razão, e sim o desenvolvimento das relações sociais concretas.

A partir daí, Marx irá elaborar o método dialético e o chamado materialismo histórico. O método dialético é um recurso heurístico para analisar a realidade, e o materialismo histórico é uma teoria da história. O método dialético de Marx se distingue tanto do método naturalista de Durkheim quanto do método compreensivo de Weber. Marx dizia que aquele que estuda a sociedade não pode colocar-se na mesma posição de um físico ou químico, pois lhe falta a possibilidade de experimentação e os instrumentos disponíveis para esses cientistas. Assim, é preciso, em seu lugar, utilizar a "faculdade de abstração". Neste sentido, Marx rompe com a tese do positivismo clássico de Comte e Durkheim a respeito da unidade metodológica entre ciências naturais e ciências humanas (se bem que ele não colocava a questão nesses termos, já que essa não era uma preocupação dele). Apesar de ver a diferença entre o estudo da natureza e o estudo da sociedade, ele não tinha uma posição semelhante a Weber, já que para ele era possível a explicação das relações sociais e cabia ao pesquisador constituir conceitos, compreendidos por Marx não como "tipos ideais" (construções subjetivas que raramente se encontram em estado puro na realidade), e sim como "expressão da realidade", isto é, como uma expressão mental de algo que existe realmente.

Marx propunha partir do concreto-dado para chegar ao concreto-pensado por via da abstração. É preciso ressaltar que Marx pensava em termos de "concreto-dado", e não de "empírico". O empírico, tal como se vê em Durkheim e Weber, é o que é perceptível via experiência. Isso se deve ao fato de que Marx, em razão de sua formação filosófica, não tinha uma visão ingênua da experiência. Ele sabia que a experiência é histórica, constituída socialmente. Daí ser impossível tratar as relações sociais, ou "fatos sociais", como coisas, tal como um cientista natural. As relações sociais possuem um engendramento histórico e a percepção delas também, isto é, tanto a realidade quanto a percepção da realidade são produzidas historicamente. Desde que se faça a distinção entre o engendramento histórico da realidade e seu engendramento no pensamento, é possível ter acesso à realidade e expressá-la tal como é. A realidade é infinita e inesgotável, como coloca Weber, mas é perceptível e acessível ao pensamento, desde que ele proceda da forma adequada, como colocaremos adiante. Assim, o método dialético se distingue tanto do objetivismo de Durkheim quanto do subjetivismo de Weber.

A passagem do concreto-dado ao concreto-pensado ocorre via abstração, um procedimento mental no qual o pesquisador busca decompor o fenômeno e descobrir suas "múltiplas determinações" e, entre elas, a determinação fundamental, o que lhe constitui. A ética protestante, por exemplo, é mera abstração metafísica, se não a decompor para entender suas determinações, isto é, quais suas características, por quais motivos ela surgiu, quais interesses e grupos sociais a produziram, e assim por diante. Somente depois de toda essa análise, conquistada através do processo de abstração sobre o concreto-dado, é possível reconstituir no pensamento esse fenômeno, agora como concreto-pensado, isto é, concreto-determinado, visto que agora aparece com suas determinações. Uma vez que o pensamento teórico tenha avançado e produzido teorias e conceitos sobre a realidade, não é necessário partir do concreto-dado já que se pode partir das teorias e conceitos já elaborados para, através de sua análise crítica, reconstituir o fenômeno.

Por conseguinte, observamos aqui a diferença metodológica entre Marx e os demais clássicos da Sociologia. Para Marx, o pensamento deve ir aumentando progressivamente a concreção, chegando ao concreto-determinado, uma "síntese de suas múltiplas determinações". A realidade é infinita e por isso cada vez mais novos conceitos são elaborados e se amplia cada vez mais a consciência teórica da realidade. Procedimento contrário ao de Weber, que por meio de sua acentuação unilateral na construção de seus tipos ideais, produz uma autolimitação no próprio pensamento. Também é um procedimento bem diferente do de Durkheim, que defende um monismo causal ao invés de perceber a multiplicidade de determinações da realidade.

Mas o método dialético se fundamenta em algumas concepções anteriores de Marx a respeito da consciência. Para ele, a consciência não é nada mais do que "o ser consciente", e esse só pode ser o indivíduo concreto, real, histórico, envolvido em uma diversidade de relações sociais. Logo, sua consciência é constituída socialmente, pelo conjunto de relações sociais que formam a sua experiência, seu modo de vida. A consciência de um indivíduo é a consciência do conjunto de relações sociais nas quais ele se desenvolve. E os indivíduos pertencem a determinada época e sociedade, possuem determinadas relações e uma posição social nessa sociedade, pertencendo a uma ou outra classe social existente. As formas de consciência (representações, moral, filosofia, ciência, etc.) não podem ser separadas da época e sociedade nas quais são produzidas, nem dos grupos sociais concretos que a produzem. Assim, a consciência não pode ser separada da história e das relações sociais. Também não pode ser separada dos valores e interesses dos seres humanos. Sendo assim, é impossível a neutralidade de valores proposta por Durkheim e Weber. Outra consequência desse modo de pensar é que o método dialético não é suficiente, já que ele não garante nada em si mesmo. É preciso algo mais: que os valores e interesses tendam para uma visão correta da realidade. Isso está ligado aos interesses e valores de classe e certas classes sociais, especialmente a classe dominante, mas também as classes privilegiadas que giram em torno dela, possuem o interesse em ocultar a essência das relações sociais, uma vez que isso revelaria a exploração e dominação, sendo uma arma contra si mesma. Por conseguinte, são as classes exploradas que têm a melhor perspectiva para ter acesso à realidade e desvendar seus segredos.

O materialismo histórico é a teoria da história das sociedades humanas. Marx define a sociedade como "um conjunto de relações sociais". Tais relações sociais que constituem a sociedade podem ser divididas nos conceitos de modo de produção e formas jurídicas, políticas e ideológicas. O modo de produção é a forma como os seres humanos produzem e reproduzem seus meios

INTRODUÇÃO À SOCIOLOGIA

materiais de sobrevivência. O ser humano, para sobreviver, já dizia Marx, precisa de comer, beber, dormir, amar, etc. Este conjunto de necessidades só pode concretizar-se mediante o trabalho. É o trabalho que possibilita a satisfação das necessidades humanas básicas, e, após essa satisfação, os meios e as formas de consegui-lo tornam-se uma necessidade também. Assim, o ser humano, ao satisfazer suas necessidades cria outras necessidades, e assim sucessivamente. No entanto, a base dessas necessidades socialmente constituídas é o modo de produção. A partir de certo estágio de desenvolvimento das sociedades humanas, surge a divisão de classes sociais. A produção do excedente permite o desligamento de certos indivíduos do processo de produção, o que possibilita a separação entre aqueles que produzem as riquezas e aqueles que se apropriam das riquezas produzidas, instituindo a divisão entre classe produtora e classe exploradora. O surgimento da sociedade de classes marca o surgimento de modos de produção fundados na luta de classes.

A ideia de luta de classes é a ideia-chave do materialismo histórico no estudo das sociedades classistas. Em primeiro lugar, é preciso distinguir as sociedades sem classes e as sociedades de classes. Marx desenvolveu o materialismo histórico analisando principalmente as sociedades de classes e mais profundamente a sociedade capitalista. Marx percebeu, na história das sociedades humanas, a evolução de diversos modos de produção. Ele reconheceu a existência de diversos modos de produção classistas, destacando os modos de produção escravista, feudal, capitalista, bem como o modo de produção asiático, dominante na Índia, na China, entre outros lugares.

O modo de produção tem dois elementos constituintes. Por um lado, as relações de produção e, por outro, as forças produtivas. As relações de produção são as relações sociais travadas entre os seres humanos no processo de produção. Nas sociedades de classes, são relações entre classes sociais, relações de propriedade. De um lado, os proprietários dos meios de produção; de outro, aqueles que só possuem sua força de trabalho, sua capacidade de trabalhar. Os proprietários dos meios de produção exploram os trabalhadores, extraindo deles um mais-trabalho, uma vez que eles produzem não só para garantir a sua própria sobrevivência, como produzem também um excedente apropriado pelos proprietários. Essa relação de exploração é uma relação de classe e produz, necessariamente, sob variadas formas e quer os seus agentes tenham consciência ou não, uma luta constante e cotidiana entre as duas classes sociais envolvidas. Assim, o modo de produção nas sociedades de classes é um modo de luta de classes. As lutas entre senhor de escravos e escravo se expressam sob várias formas, desde a fuga do escravo, o assassinato do senhor até chegar às rebeliões escravas, tal como a de Spartacus. A luta entre servo e senhor feudal também ia desde o roubo de lenha nas florestas reservadas ao senhor, a disputa em torno dos impostos, até chegar à luta pela propriedade da terra por parte dos servos. A luta entre capitalista e operário se manifesta sobre as mais variadas formas, desde a luta salarial, as greves, a lentidão na produção, as formas de organização e luta dos trabalhadores até chegar às tentativas de revolução social.

As forças produtivas, por sua vez, é o conjunto de máquinas, ferramentas, terras, instalações, capacidade de trabalho, que permitem o processo de produção, isto é, são os meios de produção e força de trabalho, os meios materiais do processo de produção e que expressam o trabalho acumulado de épocas anteriores. Os proprietários dos meios de produção não produziram os seus meios de produção. Esses foram produzidos pelos não proprietários e apropriados pelos proprietários. As forças produtivas, com o desenvolvimento histórico, limitam as possibilidades de instauração de determinadas relações de produção, visto que numa sociedade tecnologicamente atrasada, por exemplo, não se poderia desenvolver o capitalismo. As relações de produção, por sua vez, incentivam ou limitam o desenvolvimento das forças produtivas, e, principalmente, fornecem o sentido do seu desenvolvimento.

No entanto, o modo de produção é uma parte da sociedade, e não sua totalidade. Existem também as formas políticas, jurídicas e ideológicas. Essa é a esfera da realidade composta pelo Estado, as instituições, a cultura, as produções intelectuais, a moral, a religião, o direito. Segundo Marx, o Estado surge com o surgimento das classes sociais e com a luta entre elas, já que tem a missão de impedir a dissolução das relações sociais existentes, amortecendo o conflito e representando os interesses da classe dominante. A relação entre modo de produção e estas formas jurídicas, políticas e ideológicas, que ficaram mais conhecidas após Marx como "superestrutura", embora ele tenha utilizado tal palavra em apenas uma oportunidade, é um processo complexo. Marx utiliza um conjunto de expressões para colocar as características dessa relação: correspondência, contradição, elevação, unidade, etc. Na verdade, o modo de produção constitui tais formas, mas estas, uma vez existindo, adquirem o que Marx e Engels denominaram "autonomia relativa" e passam a exercer uma "ação recíproca" sobre o modo de produção. Mas, se lembrarmos que o modo de produção não é algo homogêneo, e sim o palco da luta de classes, então veremos que essa relação é mais complexa e que esta luta se reproduz também nessas formas, embora com intensidade diferente. As classes exploradas conseguem manifestar-se de forma mais intensa no mundo das ideias, embora "as idéias dominantes sejam as idéias da classe dominante". Na esfera estatal, ao contrário, essas classes só conseguem realizar pressão.

A tese central do materialismo histórico é que as transformações sociais são produtos da luta de classes. A história das sociedades tem sido, segundo a célebre frase do *Manifesto Comunista*, a história das lutas de classes. Assim ocorreu no escravismo, no feudalismo e ocorre no capitalismo. O fim desse processo só ocorrerá com a abolição da sociedade de classe e é a sociedade capitalista que cria as pré-condições para tal abolição e é por isso que Marx irá dedicar-se a analisar essa sociedade.

Marx faz toda uma análise da sociedade capitalista. A sua principal obra, inacabada, *O capital* (1867), é uma análise do modo de produção capitalista. Em outras obras, enfatizou momentos históricos dessa sociedade, suas ideologias, entre outros aspectos. Em *O capital*, Marx busca desvendar o segredo da exploração capitalista e encontra esse segredo na forma específica de extração de mais-trabalho na sociedade capitalista. A exploração na sociedade escravista e feudal era facilmente perceptível, mas no capitalismo a ilusão jurídica e o regime de trabalho assalariado ofuscam a sua percepção. Marx busca na mercadoria a compreensão desse processo de exploração. No volume 1 de *O capital,* o único volume publicado durante sua vida, ele inicia sua análise questionando o que determina o valor da mercadoria. Ele toma a mercadoria como concreto-dado e busca descobrir suas múltiplas determinações e, especialmente, sua determinação fundamental. Para descobrir o que determina o valor da mercadoria, é preciso, segundo Marx, saber o que há de comum em todas as mercadorias. Ele chega à conclusão de que toda mercadoria tem em comum o fato de serem produtos do trabalho humano. Por conseguinte, o valor da mercadoria está diretamente relacionado com o trabalho. Marx conclui que é o tempo de trabalho socialmente necessário para produzir uma mercadoria que determina o seu valor. Aqui é preciso ressaltar dois pontos. Em primeiro lugar, trata-se do tempo de trabalho socialmente necessário, e não o tempo de trabalho efetivo, pois, se assim fosse, uma empresa com recursos tecnológicos inferiores ou com trabalhadores mais lentos teriam suas mercadorias com valor mais elevado. Assim, essa empresa tecnologicamente menos desenvolvida ou com trabalhadores mais lentos deve vender sua mercadoria pelo mesmo preço que as demais, já que se trata de uma média social. Em segundo lugar, trata-se do valor da mercadoria, e não do seu preço. O preço da mercadoria é o concreto-dado, e o processo de abstração permitiu chegar ao valor, sua determinação fundamental. Assim, o valor é a determinação fundamental do preço de uma mercadoria, e não sua "única determinação". É isso que não entendem alguns "críticos" de Marx. Outras determinações existem, tal como a "oferta e a procura", enfatizadas por muitos economistas, mas que não são fundamentais, embora influenciem no preço final da mercadoria. Outra determinação pode ser encontrada na oligopolização que faz com que os oligopólios influenciem na constituição do preço da mercadoria. Na verdade, o valor da mercadoria é o processo de abstração que permite descobrir a determinação fundamental do preço da mercadoria. Ao fenômeno concreto da manifestação desse valor Marx chama de "preço". Muitos não entendem de imediato como que o trabalho pode ser a determinação fundamental do valor, uma vez que existem os custos de produção (instalações, matérias-primas, maquinaria, etc.). No entanto, isso tudo também é produto do trabalho humano. Quando um capitalista compra os meios de produção, está comprando trabalho humano acumulado, e o valor da mercadoria é a totalidade de trabalho humano incorporado na mercadoria, tanto o trabalho vivo quanto o trabalho morto, acumulado.

A gênese da exploração reside justamente no fato de que o trabalho morto, acumulado, por si só não gera um novo valor. Um capitalista poderia vender seus meios de produção, mas não conseguiria um valor mais elevado do que gastou na sua compra. Para ele conseguir um valor a mais, um mais-valor, é necessário transformar as matérias-primas, utilizando os demais meios de produção (maquinaria, etc.) em uma nova mercadoria. Contudo, isso só pode ocorrer por meio do trabalho humano. Assim, é o trabalho que acrescenta valor à mercadoria. O capitalista só realiza o processo de produção porque sabe que, ao final desse processo, irá vender as mercadorias produzidas por um valor maior do que o gasto com os meios de produção e com os salários dos trabalhadores. É aqui que reside a exploração. Os trabalhadores não somente repuseram o valor dos meios de produção como acrescentaram um valor novo às mercadorias, mas, no entanto, não recebem esse valor acrescentado como salário, mas tão somente uma parte dele. A outra parte é apropriada pelo capitalista, que não produziu valor nenhum. Esse excedente apropriado pelo capitalista Marx denominou mais-valor, ou mais-valia, segundo a tradução mais usual.

Assim, Marx vai caracterizar o modo de produção capitalista pela produção de mais-valor. No processo de produção de mais-valor, temos a constituição das duas classes sociais fundamentais do capitalismo: a burguesia, classe capitalista, e o proletariado, classe operária. Marx faz uma análise aprofundada da produção e da extração do mais-valor. Para ele, há dois tipos de mais-valor, o relativo e o absoluto. O mais-valor absoluto é adquirido através do aumento da jornada de trabalho, tendo em vista que é o tempo social médio de trabalho que determina a produção de mais-valor. O mais-valor relativo é conquistado sob variadas formas, entre as quais a organização do trabalho, o uso de tecnologia mais avançada, que realizam o objetivo de aumentar a produtividade, isto é, aumentar a produção num mesmo período de tempo.

Marx também analisa o processo histórico de formação do capitalismo, desde a passagem da cooperação para a manufatura até chegar à grande indústria, da acumulação primitiva de capital, realizada através do sistema colonial aliado com outras formas de pilhagem, até a formação do capitalismo concorrencial. Ele observa as contradições da produção capitalista e analisa suas crises cíclicas. Ele encontra no próprio cerne da produção de mais-valor a dissolução do capitalismo com a sua teoria da tendência declinante da taxa de lucro. Segundo Marx, o desenvolvimento capitalista é contraditório, uma vez que o capital precisa sempre desenvolver a tecnologia e dispensar a força de trabalho. No entanto, a força de trabalho é a fonte criadora de mais-valor e, quanto mais se gasta com o capital constante (meios de produção) e menos com capital variável (força de trabalho), menos se produz mais-valor. Isso gera a tendência à queda da taxa de lucro médio. Obviamente que essa é uma tendência da produção capitalista, mas existem contratendências, tal como expostas por Marx, como por exemplo, a ação estatal.

Não seria possível retomar aqui todos os pontos abordados nessa obra de três volumes e uma enorme densidade teórica. Na verdade, apenas o volume 1 de *O capital* foi publicado por Marx. Os outros dois volumes foram editados após sua morte, por Engels, e um quarto, por Karl Kautsky, tratando das "teorias do mais-valor", uma história das concepções dos economistas sobre o mais-valor. Apesar disso, ela ficou inacabada, visto que Marx pretendia escrever um capítulo sobre classes sociais e outro sobre o Estado, mas escreveu apenas duas páginas do primeiro e nem sequer começou o segundo. Essa obra teve outras menores que lhe antecederam e outras inéditas que foram esboços para ela, tal como *Os Grundrisse*, palavra alemã que quer dizer "esboços", e foi intitulada *Esboços para uma crítica da Economia Política*.

Marx produziu várias outras obras sobre a sociedade capitalista. Escreveu sobre as lutas de classes na França, sobre a colonização da Índia, sobre a Espanha, sobre a ideologia dos filósofos alemães,

INTRODUÇÃO À SOCIOLOGIA

sobre o comunismo e o socialismo, e sobre outras temáticas diferentes. Entre essas se destacam os seus textos em que ele focaliza a transformação social e o socialismo. Em *O capital* ele previra o fim do capitalismo e a associação operária, ou "livre associação dos produtores", substituindo o capitalismo. Esse tema foi mais desenvolvido em outras obras, antes mesmo de escrever *O capital*.

Posteriormente, ele analisaria as coalizões operárias e como a luta operária contra o capital produzia uma associação e fazia o proletariado passar de classe-em-si a classe-para-si, isto é, como se realizava a passagem da classe social existente de fato para a classe social com consciência revolucionária. Esse ponto de vista foi exposto em seu escrito polêmico contra Proudhon, intitulado *A miséria da Filosofia* (1847), em resposta ao livro *A Filosofia da miséria*. Marx tinha admiração por alguns escritos de Proudhon (principalmente *O Que é Propriedade?*) e, ao chegar na França, buscou uma aproximação, mas o jovem Marx foi recebido friamente por Proudhon, e a recusa deste a um convite para colaboração intelectual num sistema internacional de correspondência promoveu o rompimento. E Marx, pouco conhecido na época, foi indagado em uma carta por um colaborador russo, Annenkov, sobre o último livro de Proudhon, *A Filosofia da miséria*. Marx aproveitou a leitura realizada para responder Annenkov, bem como a longa carta endereçada a este, e escreveu seu livro criticando as limitações filosóficas e econômicas do grande pensador anarquista e precursor da Sociologia.

No *Manifesto Comunista* (1848), escrito em colaboração com Engels, Marx analisava a ação revolucionária da burguesia que promovia um desenvolvimento tecnológico inigualável na história e criava as precondições para o comunismo e previa que o proletariado iria realizar a revolução e abolir as classes sociais em geral, realizando a emancipação humana. Além disso, nessa mesma obra, analisa criticamente as correntes socialistas de sua época e aponta medidas práticas com a realização da revolução proletária, na qual se destaca a estatização dos meios de produção.

Essa tese da estatização será substituída pela tese da abolição do Estado e formação do "autogoverno dos produtores", após a experiência histórica da Comuna de Paris, em 1871. A Comuna de Paris foi a primeira experiência histórica de tentativa de revolução proletária, e Marx concebia que o comunismo não era produto da criação de intelectuais, e sim um movimento real existente na sociedade, tal como colocou em sua obra *A ideologia alemã* (1846), e esse movimento era perceptível na luta operária. Assim, com a experiência proletária de Paris, ele passou a entender que o Estado não pode ser "conquistado", mas sim destruído. A expressão dessa tese foi publicada no seu livro *A guerra civil na França* (1871) e também nos prefácios das novas edições do *Manifesto Comunista*.

Marx, durante sua vida, dedicou-se a um grande número de temas e problemas. As principais obras publicadas por ele em colaboração com Engels foram as seguintes: *A sagrada família* (1844); *Ideologia alemã* (1846, publicação póstuma em 1926); *O manifesto comunista*. As suas principais obras individuais foram: *Crítica da Filosofia do Direito de Hegel* (1843), *Introdução à crítica da Filosofia do Direito de Hegel* (1844), *Manuscritos econômico-filosóficos* (1844); *A miséria da Filosofia* (1847); *Salário, preço e lucro* (1849); *As lutas de classes na França* (1850); *O dezoito brumário de Luiz Bonaparte* (1852); *Crítica da Economia Política* (1859); *O capital, vol. 1* (1867); *A guerra civil na França* (1871); *Crítica ao programa de Gotha* (1875). A essa lista seria necessário acrescentar os *Grundrisse*, publicação póstuma dos rascunhos para *O capital*, os demais volumes dessa obra, vários textos menores e artigos para jornal; ele colaborou com vários e, apenas para o *Neue Order-Zetung,* escreveu 100 artigos. É preciso levar em conta que Marx, desde sua ida para a França, passou a ter crescentes dificuldades financeiras e a ter graves problemas de saúde, o que lhe diminuiu a capacidade de produzir. Também sua dedicação à elaboração de *O capital* foi decisiva para que ele não se dedicasse a outros temas.

Engels contribuiu com Marx sob diversas formas, tal como escrevendo em colaboração, defendendo suas teses, além do apoio financeiro e da amizade. As principais obras de Engels buscavam ficar de acordo com as teses fundamentais de Marx, embora nem sempre conseguisse isso. As obras mais importantes de Engels foram: *A situação da classe trabalhadora na Inglaterra*; *As guerras camponesas na Alemanha, Do socialismo utópico ao socialismo científico, Ludwig Feuerbach e o Fim da Filosofia Clássica Alemã*. Outras obras conhecidas de Engels entraram em grau maior ou menor em contradição com as teses de Marx, embora ele pensasse estar em sintonia com elas. Esse é o caso de suas obras *O Anti-Dühring* e, principalmente, *A Dialética da Natureza*, além de outros textos menores. Isso em parte é resultado da divisão social do trabalho combinada por Marx e Engels, segundo a qual o primeiro dedicar-se-ia a escrever sua grande obra, *O capital*, e o segundo haveria de se dedicar a polemizar e refutar os críticos de suas teses. De certo modo, Engels foi um dos primeiros a deformar algumas teses de Marx, ao simplificá-las e confundi-las com concepções mecanicistas. Também na esfera política, sua ligação com o Partido Social-Democrata Alemão contribuiu para que ele assumisse posições políticas equivocadas. De qualquer forma, Engels, em certo grau, contribuiu com a produção teórica de Marx.

Desta forma, Marx, ao contrário de Durkheim e Weber, não buscou lançar as bases da Sociologia. No entanto, ele passou a ser considerado um clássico da Sociologia. Como isso é possível? Isso ocorreu por dois motivos básicos: um de natureza intelectual e outro de natureza social. Do ponto de vista intelectual, a obra de Marx abordava os mesmos temas que a Sociologia nascente (embora fosse muito além de seu campo de delimitação) e produziu uma complexa teoria da sociedade capitalista. Além disso, os diversos textos, artigos, livros, produzidos por ele tratavam de temáticas da Sociologia, como a questão do trabalho, da ideologia, do Estado, das classes sociais. Isso fez com que ele passasse a exercer influência crescente junto a muitos sociólogos. O outro motivo, de caráter social, reside na influência crescente de Marx no movimento operário e nos Partidos Social-Democratas que surgiram no final do século 19 e início do século 20, o que reforçava sua influência nos meios intelectuais e se tornava um autor que deveria ser combatido pelos conservadores.

Durkheim era posterior a Marx e, como pensador conservador limitou-se a observar que *O capital* necessitaria de muitos "dados estatísticos", "comparações históricas" para ser "comprovado" e a fazer algumas críticas equivocadas ao materialismo histórico e a concepção de socialismo de Marx (que, segundo Durkheim, se fundamentava na penúria e na austeridade, o que é justamente o contrário do que Marx postulava, visto que, para ele um "mundo de riquezas" era pré-condição para o comunismo). A ideia de que a resolução das questões postas em *O capital* necessitaria de muitos dados estatísticos e comparações históricas é derivada da concepção empiricista de Durkheim (veja a distinção realizada anteriormente entre o empírico e o concreto-dado) e na ingenuidade dessa concepção da realidade. Max Weber, por sua vez, viu-se constrangido a buscar uma alternativa ao materialismo histórico e foi isto que gerou sua obra mais famosa, *A ética protestante e o espírito do capitalismo*, buscando colocar o papel proeminente da cultura na transição do feudalismo para o capitalismo. Também escreveu um breve artigo sobre o socialismo, tentando refutar a tese do *Manifesto Comunista* sobre a abolição do capitalismo. Na verdade, como observaram vários biógrafos de Weber, ele confundia o marxismo com a social-democracia alemã, e as teorias de Marx com as vulgarizações realizadas pelos intelectuais do Partido Social-Democrata Alemão, que até receberam críticas de Marx (e Engels) quando ele ainda era vivo (expostas em *Crítica ao programa de Gotha* e *Crítica ao programa de Erfurt*), além das que foram apresentadas em cartas e posteriormente divulgadas.

A influência das ideias de Marx foi aumentando e atingindo vários países, tanto na esfera política quanto em diversas ciências. Na Sociologia, especialmente, ele não só foi combatido por muitos sociólogos conservadores, como influenciou outros e se tornou a grande referência de muitos a partir do final do século 19. Combatido por muitos, influenciou alguns dos sociólogos mais importantes do início do século 20, tal como Karl Mannheim (1893-1947) e Robert Michels (1876-1936). Isso foi reforçado por sua influência sobre a pensadores políticos, filósofos, economistas, historiadores. Desta forma, o diálogo com Marx se tornou uma necessidade tanto por parte de seus adversários quanto por parte dos seus simpatizantes, e também a existência de diversos pensadores que se declararam marxistas o tornou um clássico de várias das ciências humanas.

Marx também sofreu inúmeras críticas. Diferentemente de Durkheim e Weber, as críticas endereçadas a Marx tinham uma motivação a mais: a sua concepção política. Assim, refutar Marx se tornou uma ideia fixa para muitos pensadores. Muitas das críticas endereçadas a Marx, no entanto, careciam de fundamentação, e grande parte dos seus críticos não o compreenderam. Isso se deve em parte à complexidade de sua obra, mas também à vulgarização do seu pensamento por parte de seus adversários e partidários. Muitos simplificaram o seu pensamento, o que sem dúvida facilita a refutação. Assim, realiza-se a crítica da caricatura de Marx, e não ao que ele realmente afirmou. Outros buscaram refutar as teorias de Marx através de ataques à sua vida pessoal. Desde os seus problemas financeiros e parte de sua vida que viveu na miséria, até o caso do filho que ele teve com a governanta, passando pelas suas relações pessoais conflituosas, foram utilizados para combater suas ideias. Outros, principalmente anarquistas, centraram seus ataques no seu "autoritarismo" e em sua "personalidade autoritária". Alguns atribuíram a ele um "pangermanismo", através de frases descontextualizadas.

As críticas que ultrapassaram esse procedimento de mera desmoralização e penetraram na produção intelectual de Marx assumem várias formas. A mais comum é a que lhe atribui um "determinismo econômico" e alguns chegam a falar em "monismo econômico" e "determinismo tecnológico". Esta atribuição de determinismo/monismo tem em seu favor alguns trechos da obra de Marx, os escritos de alguns de seus seguidores e fundamentalmente uma incompreensão da sua obra. Há algumas partes da obra de Marx que parece realmente dar elementos para se pensar que ele era um determinista econômico. Mas essa visão é um tanto superficial, já que a leitura atenta dos textos permite entender que, em primeiro lugar, Marx concebe um lugar fundamental para as lutas de classes, isto é, para o modo de produção, e alguns confundem isso com o sentido habitual da palavra "economia", tal como definida como objeto de estudo dos economistas (tipo: produção e distribuição de riquezas, o que remete, nas representações cotidianas contemporâneas, a questão da renda e do produto nacional, por exemplo). Outros confundem o que Marx denominou "interesse de classe" como "interesses materiais, financeiros", outra confusão imperdoável. O interesse de classe é o conjunto de objetivos que se propõe uma classe social determinada, que muitas vezes pode envolver os ditos "interesses financeiros", mas que vai muito além disso, tal como no exemplo do interesse histórico do proletariado em constituir uma nova sociedade fundada na "livre associação dos produtores".

Assim, a luta de classes tem sua origem no processo de produção de mais-valor e ultrapassa esse nível para se reproduzir nas formas jurídicas, políticas, ideológicas. A produção capitalista possui um conjunto de contradições e tendências que Marx analisou mas que remete a uma diversidade de determinações e que possui contratendências que somente numa análise superficial se poderia ver um determinismo econômico. O monismo econômico, a ideia de uma determinação monocausal da economia é uma fantasmagoria que os simplificadores vulgares de Marx fazem, a começar pelo seu próprio genro, Paul Lafargue (1841-1911), autor de *O determinismo econômico de Karl Marx*. Além desse, o russo Georg Plekhanov (1856-1918) também escreveu uma obra sobre *Ensaio sobre o desenvolvimento da Concepção Monista da História*. Muitos outros pretensos marxistas passaram a trabalhar com a ideia de determinismo econômico, mas isso simplesmente expressa aquilo que Marx, e depois dele Karl Korsch (1886-1961), chamariam de afastamento da perspectiva de classe do proletariado e adesão a uma concepção fetichista da realidade. O mesmo vale para o dito determinismo tecnológico. Uma leitura apressada de um dos textos fundamentais de Marx, o *Prefácio à crítica da economia política*, no qual ele aborda a questão da transformação social e dos modos de produção, provoca esse tipo de interpretação. O que é reforçado pelas diversas interpretações que reproduzem essa tese.

Outras críticas poderiam ser citadas. Uma delas é a da falta de cientificidade das teorias de Marx. A teoria do mais-valor, por exemplo, não pode ser comprovada empiricamente. Isso sem falar na "falta de neutralidade" de Marx. Sem dúvida, as duas afirmações anteriores estão corretas. A primeira afirmação é empiricista, e a concepção de Marx não tem esse caráter. A segunda afirmação é positivista, e sem dúvida Marx não o é. O próprio Marx em algumas oportunidades declarou que o seu socialismo era científico. Mas ele compreendia por ciência algo diferente do que se entende hoje. A palavra alemã "ciência" tem significado bem mais amplo do que o sentido atual atribuído a essa palavra, tal como colocou o biógrafo de Marx, David Mclelland.[6] Além disso, como coloca esse mesmo biógrafo, Marx assume uma posição cada vez mais crítica em relação à ciência em geral, sem falar em suas críticas às ciências particulares (*O capital e Contribuição à crítica da economia política* são duas obras que realizam a crítica da ciência econômica e há passagens na obra de Marx no qual se vê a crítica a outras ciências particulares). A teoria do mais-valor não precisa de comprovação empírica, e a neutralidade não é uma necessidade, além de ser uma impossibilidade. Tal crítica se esbarra na concepção de alguns autores marxistas ou influenciados pelas teorias de Marx que a tomam não como uma crítica, e sim como a constatação de um fato: Marx não era cientista. Este é o caso de Pierre Fougeyrollas (1922-), Karl Korsch e Robin Blackburn (1941-). A teoria de Marx estaria num degrau superior ao pensamento científico, já que não está ligada aos interesses e valores dessa sociedade como a ciência e por isso vai mais longe.

A crítica mais atual ao pensamento de Marx é a que busca contestar o papel revolucionário do proletariado, seja argumentando a diminuição quantitativa da classe operária, seja simplesmente dizendo que se trata de uma atribuição de um intelectual que não tem correspondência na realidade, é uma imagem do proletariado, e não ele em carne e osso. A tese da diminuição quantitativa do proletariado foi contestada por vários pesquisadores com argumentos diferentes. Alguns chegam até a concluir que o proletariado está crescendo quantitativamente, e não diminuindo. Outros apresentam dados estatísticos que mostram a existência de milhões de operários no mundo (levando em conta apenas os operários de fábrica, sem contar os da construção civil, etc.). Outros

---

[6] MCLELLAN, D. *Karl Marx – Vida e pensamento.* Petrópolis: Vozes, 1990.

já argumentam que, mesmo havendo certa diminuição quantitativa de operários, isso não refuta a teoria marxista, uma vez que não é a quantidade que fornece importância ao proletariado. Além disso, tal diminuição significaria que cada vez mais se usa tecnologia avançada e cada vez menos força de trabalho, o que provoca a queda da taxa de lucro médio, aumentando o desemprego, a miséria e as dificuldades de reprodução do capitalismo. A outra crítica que diz que o proletariado de Marx só é revolucionário em sua concepção mas não na realidade tem dois problemas: em primeiro lugar, toma a realidade com o empírico, e não como o concreto-dado e por isso se prende aos "fatos" e "dados" sem uma elaboração teórica por detrás dela; em segundo lugar, mostra desconhecimento de várias experiências históricas, desde a Comuna de Paris (1871), passando pelas tentativas de revolução no início do século 20 (Rússia, Alemanha, Hungria, Itália, etc.), a Guerra Civil Espanhola (1936), a Revolução Portuguesa (1974), a Revolução Polonesa (1980), para citar apenas alguns exemplos.

Muitas outras críticas a aspectos parciais da produção teórica de Marx foram levantadas, tal como a sua tese da existência de um "modo de produção asiático", sua análise do lumpemproletariado, sua teoria da alienação, sua teoria da ideologia e diversas outras. Mas, para cada crítica, sempre surgiu uma resposta dos defensores das teses de Marx, umas mais satisfatórias, outras menos, algumas fiéis ao seu pensamento, outras não.

Isso não quer dizer que tudo o que afirmou Marx seja correto. Obviamente, como todo pensamento, o dele também tinha equívocos, falhas. Ele mesmo reformulou várias teses. Como já dizia o filósofo Sartre, Marx é o teórico do capitalismo, e, enquanto essa sociedade existir, o seu pensamento mantém sua validade. Embora algumas de suas teses, por exemplo, que a revolução ocorreria primeiramente nos países capitalistas mais desenvolvidos não tenha se concretizado (mas na época tinha um sentido diferente do que tem hoje), entre outros equívocos, na totalidade e na essência, o seu pensamento continua sendo a mais completa e ampla teoria da sociedade burguesa.

INTRODUÇÃO À SOCIOLOGIA

Para encerrar essa análise, seria interessante alertar a diferença entre as concepções de Marx e a dos mais variados indivíduos, grupos políticos e escolas acadêmicas que passaram a falar em seu nome. Além de muitas interpretações equivocadas e complementos questionáveis (tal como algumas tentativas de juntar marxismo e psicanálise, marxismo e existencialismo, marxismo e estruturalismo, etc.), a apropriação política do marxismo expressa na social-democracia, também conhecida como socialismo reformista, e no bolchevismo (ou leninismo), também conhecido como comunismo, também provocou a deformação do pensamento de Marx.

A concepção de dialética de Marx foi deformada por vários pensadores, tanto os vulgarizadores quanto os pensadores considerados clássicos do marxismo, tais como Lênin (1870-1924), Stálin (1879-1956), Trotsky (1879-1940), Mao Tse-Tung (1893-1976), Kautsky (1854-1938), entre outros. O mesmo ocorreu com o materialismo histórico e a teoria do capitalismo de Marx, bem como em várias outras questões particulares, como sua concepção de ideologia, que significa para ele "falsa consciência" e em dois dos mais influentes pensadores considerados marxistas, Gramsci (1891-1937) e Lênin, virou sinônimo de "visão de mundo".

Poucos pensadores mantiveram-se fiéis ao pensamento de Marx, tal como o caso do astrônomo Anton Pannekoek (1873-1960) e do filósofo Karl Korsch, ambos críticos do bolchevismo e das teses filosóficas de Lênin, consideradas por eles como pré-marxistas, bem como realizaram forte crítica ao regime soviético, qualificado-o como um "capitalismo de estado". Eles também buscaram analisar o desenvolvimento do movimento operário e suas novas formas de luta e organização e romperam com a ideia de que partidos e sindicatos poderiam tornar-se organizações revolucionárias, restando apenas os conselhos operários enquanto forma de auto-organização (e, portanto, não burocráticas) como a forma de emancipação proletária.

Outros pensadores também buscaram resgatar a autenticidade do pensamento de Marx e contribuíram de uma forma ou de outra, com maior ou menor exatidão, maior ou menor felicidade, maior ou menor complexidade, bem como muitos tentaram desenvolver as teorias já contidas em Marx para dar respostas à realidade contemporânea. Assim, nomes como os de Rosa Luxemburgo (1871-1919), Karl Liebknecht (1871-1919), Franz Mehring (1846-1919), Sylvia Pankhurst (1882-1960), Hermann Gorter (1864-1927), Paul Mattick (1904-1981), Otto Rühle (1874-1943), Amadeo Bordiga (1889-1970), H. Canne Meijer (1916-1938), J. W. Makhaisky (1866-1926), Henri Lefebvre (1901-1991), João Bernardo (1946-), Maurício Tragtenberg (1929-1998), além de Karl Korsch e Anton Pannekoek, já citados, entre diversos outros, grande parte não muito conhecida nos círculos acadêmicos, proporcionaram uma visão mais adequada da obra de Karl Marx.

Como o leninismo se tornou a interpretação dominante do pensamento de Marx, então o que se passa por marxismo é, na verdade, o marxismo-leninismo. Isso deve servir de alerta para quem quer ler Marx: é preciso ler suas obras, e não os seus comentaristas e ditos "marxistas". É preciso ir à fonte, sem a mediação de leituras questionáveis. É o que deve fazer o sociólogo honesto, para não cair no mesmo equívoco que Weber e muitos outros cientistas sociais: criticam uma caricatura pensando que criticam o original.

CAPÍTULO IV

O DESENVOLVIMENTO DA SOCIOLOGIA

O desenvolvimento da Sociologia após sua constituição foi longo, complexo, e carregou em si as especificidades da época e do país, bem como as posições políticas, valorativas, dos sociólogos. O processo de institucionalização da Sociologia também alterou o quadro e o modo de trabalhar do sociólogo. Os sociólogos clássicos, como coloca Wright Mills, eram do tipo "artesão", isto é, não só possuíam os seus próprios meios de produção, como realizavam seu trabalho individualmente ou em colaboração com um pequeno círculo sem nenhum vínculo institucional. A partir do pós-guerra, no final da década de 1940 e início da década de 1950, o contexto histórico, social, é completamente diferente na Europa Ocidental e nos Estados Unidos, e a Sociologia já é uma ciência consolidada na maior parte dos países capitalistas desenvolvidos enquanto já lançava seus embriões nos demais países. A orientação empiricista vai se desenvolvendo e a proliferação de técnicas de pesquisa é expressão dessa nova fase da Sociologia.

Graças a essa diversidade da produção sociológica, torna-se quase impossível abarcar todas as tendências, escolas, obras importantes, do pensamento sociológico, e mesmo a limitação às principais obras ou as mais influentes seria uma tarefa que demandaria centenas de páginas. Por isso, iremos ter que fazer uma seleção de algumas escolas, obras, autores. Também teremos que, em muitos casos, apenas citar a existência das obras e mais algumas poucas informações e nos dedicarmos de forma mais aprofundada em algumas. Assim, o presente capítulo tem caráter mais informativo, embora em algumas oportunidades faça análise e contextualização das obras, dos autores e das escolas.

Para realizar essa tarefa, iremos dividir a matéria por países. Assim, iniciaremos com uma abordagem do desenvolvimento da sociologia na Alemanha, depois na França e por último nos Estados Unidos, os três países mais influentes na produção sociológica. Assim, abordaremos detalhadamente apenas os três países de produção sociológica mais influente, o que significa que deixaremos de lado outros importantes centros de produção sociológica, embora não tanto quanto os três casos citados, tal como é o caso da Itália, da Inglaterra, etc.; ao final, faremos um "balanço geral".

A sociologia alemã

A sociologia alemã teve um período de florescimento na época de Weber. Iremos aqui resgatar um pouco de sua história até a ascensão do nazismo. Enquanto Weber fazia seu esforço monumental para criar a sociologia em seu país, muitos outros faziam o mesmo trabalho, sob formas diferentes, bem como com resultados e complexidades diferentes. Alfred Weber (1868-1958), irmão de Max Weber, iria contribuir com a produção sociológica através de alguns trabalhos, entre eles se destaca o seu livro *História sociológica da Cultura*, um livro "weberiano". Werner Sombart (1863-1941) iria realizar um estudo semelhante ao de Weber sobre as origens do capitalismo; embora não se limite ao protestantismo, analisa várias religiões e trabalha mais intensamente com a hipótese do judaísmo. Em seu livro *O burguês – introdução à história espiritual do homem econômico moderno*, ele aborda o surgimento do capitalismo e ressalta a importância das religiões, tal como o catolicismo, o protestantismo e o judaísmo, enfatizando a importância deste último por causa de suas características próprias. Também seria interessante acrescentar Hans Freyer (1887-1969), crítico de Weber e da sociologia formal de Simmel; Leopold Von Wiese (1876-1968); Franz Oppenheimer (1864-1943), entre outros.

Ferdinand Tönnies (1855-1936), autor de *Comunidade e sociedade e de princípios de sociologia*, também contribuiu com a sociologia nascente mediante suas incursões sobre os conceitos de comunidade e sociedade. A sua tese é a de que as relações sociais são criações da vontade, que se divide em vontade essencial (instintiva) e arbitrária (proposital); os camponeses, os artesãos, os jovens e as mulheres manifestam principalmente a primeira, enquanto que os capitalistas, as autoridades públicas, os cientistas, os homens e os idosos manifestam principalmente a segunda. Isto vai gerar dois tipos de grupos sociais, os ligados à vontade essencial, que é a comunidade (família, vizinhança, grupos de amigos), e os voltados à vontade arbitrária, que é a sociedade (cidade, Estado). No primeiro caso, há ligações orgânicas e laços de dependência, ao passo que no segundo isso não ocorre.

Outro nome importante na sociologia alemã da época foi o sociólogo Georg Simmel (1858-1918). Ele é considerado um representante da "sociologia formalista". Sua formação inicial foi em filosofia mas ele também carregava em si, como Weber, forte influência de Kant e da Escola Histórica em Economia Política. As suas principais obras foram *A filosofia do dinheiro e Sociologia*. Simmel fez várias considerações sobre a importância da troca mercantil e a importância do seu estabelecimento em substituição à economia natural. A troca mercantil permite a expansão do cálculo racional, intervindo até nas relações sociais. Essa tese, semelhante à de Weber, vai desembocar a concepção de que a troca mercantil é uma interação social e que o dinheiro tem papel definido por essa interação.

A ideia de interação social vai ser o fio condutor de sua análise. Para ele, algo é social quando dois ou mais indivíduos interagem reciprocamente. O objeto de estudo da Sociologia são as formas de interação social. Ele distingue entre forma e conteúdo da interação social. O conteúdo remete aos propósitos, aos desejos, aos objetivos dos indivíduos, e a forma remete ao indivíduo despersonalizado num determinado padrão de interação. Ambas as formas podem ser estudadas pelo sociólogo. A sociologia formal – que é a sociologia de Simmel, no entanto, dedica-se às formas da interação social, abstraindo o seu conteúdo. E ele dedica especial atenção a um tipo de interação social, a chamada "trivial", e realiza estudos sobre os jogos sociais, a coqueteria, a cultura feminina, a conversação, a moda. É por isso que ele cunhou um termo novo, o de "sociação", "socialidificação", "societalização" ou "socialidade", dependendo da tradução que se faz da palavra alemã *Vergesells-chaftung*, que ele utiliza em lugar de *Gesellschaft* (sociedade). Tais teses, apesar de ter semelhanças com a sociologia weberiana, assume uma posição de originalidade. No entanto, ele não conseguiria ter a influência de seu colega alemão em sua época e mesmo posteriormente. A abordagem de Simmel foi contestada pelos durkheimianos na França, pelo motivo de ser considerada "excessivamente filosófica". Na atualidade, em razão do contexto histórico e modismo pós-moderno, alguns buscam resgatar a sociologia de Simmel, mas sem grandes sucessos.

Outro nome da sociologia alemã do período foi muito mais influente e manteve a atividade intelectual durante mais tempo que os demais. Trata-se de Karl Mannheim (1893-1947), embora tenha nascido na Hungria e se formado lá, transferiu-se para a Alemanha, tendo sido aluno de Georg Simmel e assistido seminários de Alfred Weber, integrando-se no círculo intelectual alemão. Mannheim fez estudos clássicos sobre sociologia do conhecimento e sociologia da cultura, tornando-se referência obrigatória para os sociólogos que se dedicam a essa área. A grande obra de Mannheim se intitula *Ideologia e utopia*.

Mannheim sofreu no início de sua formação intelectual a influência do filósofo húngaro Georg Lukács (1885-1971), desde os seus primeiros escritos, mas destacando sua obra *História e Consciência de Classe*, um livro de orientação marxista (embora apresentando também influência weberiana e uma oscilação entre as posições luxemburguista e leninista) que foi objeto de críticas dos pretensos marxistas da União Soviética e da social-democracia alemã.

Em *Ideologia e utopia*, Mannheim apresenta uma discussão sobre a teoria da ideologia de Karl Marx. Para ele, a definição de ideologia como falsa consciência ligada aos interesses da classe dominante é aceitável, bem como sugere o termo utopia como a expressão cultural dos dominados. Ele realiza interessante análise de várias utopias, desde o quiliasmo, passando pelo anabatismo, até chegar a algumas concepções políticas e finalmente ao socialismo. No entanto, ele alerta que a percepção da existência de ideologias e utopias provoca a

Introdução à Sociologia

necessidade de elaboração de um termo mais amplo que englobe ambas as expressões culturais. Daí ele sugere a distinção entre ideologia particular e ideologia total, sendo a primeira a expressão cultural da classe dominante e a segunda todas as formas de ideologia, tanto a ideologia particular quanto a utopia.

Outras obras importantes foram produzidas por Mannheim, com destaque para *Ensaios de Sociologia do Conhecimento* (reunião de artigos publicados entre 1923-1929, apareceu sob a forma de livro em 1952); *Ensaios de Sociologia e Psicologia Social; Sociologia Sistemática* (baseado em esboços manuscritos de cursos que ele ministrou de 1934-1945 na London School of Economics); *Ensaios de Sociologia da Cultura; O homem e a sociedade numa era de reconstrução; Liberdade, poder e planificação democrática; Diagnóstico de nosso tempo.* Parte de suas obras foi publicadas na Inglaterra por causa de sua expulsão da Alemanha durante o período nazista, bem como artigos foram reunidos e publicados sob a forma de livro. Também é preciso acrescentar a essa lista o seu livro *Sociologia da educação*, escrito em coautoria com W. A. C. Stewart.

Outro nome importante é o de Norbert Elias (1897-1990). Esse, tal como Simmel, não obteve o reconhecimento nos meios acadêmicos que receberam autores como Weber, Mannheim, Durkheim, Marx, entre outros. Mas sem dúvida foi o que viveu mais tempo, já que morreu com 93 anos. Ele trabalhou uma variedade de temas, como a formação do Estado moderno, o futebol, a violência, o tempo, as profissões. Uma atenção especial ao cotidiano e aos afetos é um dos motivos de sua recuperação na contemporaneidade. Suas principais obras foram *A Sociedade dos Indivíduos; O Processo Civilizatório; A sociedade de corte; Introdução à sociologia; Mozart, sociologia de um gênio; Sobre o tempo.*

A obra de Robert Michels (1876-1936) também assume importância no contexto alemão. Embora ele tenha encontrado dificuldades no mundo universitário alemão em virtude de suas posições socialistas, ele acaba se transferindo para a Itália onde desenvolve sua carreira acadêmica. As grandes influências que ele sofreu foram as de Marx, Weber e da "teoria das elites" (Pareto,

Mosca), de origem italiana. Foi integrante da social-democracia alemã e posteriormente, na Itália, demonstrou simpatia em relação ao fascismo.

Sua grande obra é *Sociologia dos partidos políticos*, de 1914. Nessa obra ele faz um estudo centrado nos partidos social-democratas, focalizando principalmente o alemão, mas tomando exemplos de vários outros países. Ele apresenta o processo de burocratização dos partidos políticos e sua tese da "lei férrea da oligarquia". Ele analisa o processo de burocratização dos partidos, colocando-o como uma "necessidade técnica" (em estilo weberiano), apresenta o processo de "metamorfose psicológica" dos militantes, inclusive operários, quando se tornam líderes. Também apresenta a contribuição de perceber que os partidos políticos criam "novas camadas pequeno-burguesas", isto é, produzem uma nova camada social, que já não é mais "operária", sendo uma das fontes do afastamento dos partidos socialistas em relação à classe operária.

Os nomes Max Scheler (1874-1928) e Alfred Schutz (1899-1959) são destaques na sociologia de orientação fenomenológica na Alemanha (que terá, como veremos adiante, ressonâncias nos Estados Unidos). Max Scheler foi aluno do filósofo Husserl e realizou estudos sobre "sociologia do saber", e sua obra se centra sobre a questão dos valores. Algumas de suas principais obras foram *Da reviravolta dos valores; Visão filosófica do mundo; Sociologia do saber; As formas do conhecimento e a sociedade; Metafísica da liberdade; Idealismo-Realismo; A essência da Filosofia; e a Condição moral do conhecimento filosófico*. Alfred Schutz, que emigrou para Paris, em 1938, com a ascensão do nazismo e um ano depois foi para os Estados Unidos, foi outro representante da chamada sociologia fenomenológica. As principais influências em seu pensamento foram Max Weber e o filósofo Husserl. Em menor grau, Max Scheller também o influenciou. *A Construção significativa da realidade social*, traduzido para o inglês com o título de Fenomenologia do Mundo Social foi, sua principal obra.

Esse apanhado sobre a sociologia na Alemanha se completa com a referência à chamada Escola de Frankfurt, também conhecida

INTRODUÇÃO À SOCIOLOGIA

como "teoria crítica da sociedade". O Instituto de Pesquisa Social de Frankfurt foi fundado em 1923. Não se tratava de um instituto de pesquisa sociológico, já que havia uma espécie de multidisciplinaridade e certo predomínio da Filosofia. Os grandes nomes da referida escola foram: Theodor Adorno (1903-1969), Max Horkheimer (1895-1973), Walter Benjamin (1892-1940) e Herbert Marcuse (1898-1979), embora o grupo contasse com um número muito maior de integrantes, inclusive marxistas. A lista poderia ser ampliada para diversos outros nomes: Karl Korsch, Erich Fromm (1900-1980), Henrik Grossman (1881-1950), Carl Grumberg (1861-1940), Karl Wittfogel (1896-1988), Franz Neumann (1900-1954), Franz Borkenau (1900-1957), Georg Lukács (1885-1971), Friedrich Pollok (1894-1970), entre vários outros.

A influência predominante era de Hegel, Marx e Freud, o fundador da psicanálise. As produções de caráter sociológico mais importantes dessa escola foram os estudos sobre indústria cultural de Adorno e Horkheimer, e a sociologia da arte em geral destes e também de Benjamin. Também os estudos sobre a China, de Wittfogel; de Pollok sobre a União Soviética se destacaram. Embora a Escola de Frankfurt não seja uma corrente de caráter sociológico, ela forneceu estudos sobre a sociedade de grande valor, tal como o estudo coletivo sobre *A personalidade autoritária*, que chegou a prever a ascensão do nazismo na Alemanha. A teoria da indústria cultural se tornou um clássico da sociologia da comunicação. O processo de massificação produzido pelos meios de comunicação de massas, proporcionando empobrecimento até da obra de arte, é retratado nessa teoria. Também cabe destaque a polêmica de Adorno contra o positivismo em seu debate com Karl Popper (1902-1994) e outros.

As obras fundamentais produzidas pelos principais integrantes dessa escola foram: Adorno: *Teoria estética; Minima moralia; Dialética negativa;* Horkheimer: *Eclipse da razão;* Benjamin: *A origem do drama barroco alemão;* Marcuse: *Razão e revolução – Hegel e o advento da teoria social moderna; Eros e civilização – Uma interpretação filosófica do pensamento de Freud; O homem unidimensional – ideologia da sociedade industrial;* Horkheimer e Adorno: *Dialética do esclarecimento;* Erich Fromm: *O dogma de Cristo.*

Coleção Biblioteca Universitária

É preciso não perder de vista que apenas uma pequena parte da produção dessa escola foi efetivada na Alemanha, uma vez que, com a ascensão do nazismo, a maioria emigrou para os Estados Unidos. Walter Benjamin se suicidou ao ser pego por nazistas na França, em sua tentativa de fuga. Também seria necessário acrescentar a chamada "segunda geração", que tem como expoente mais renomado Jürgen Habermas (1929-), que, no entanto, assume posições progressivamente mais conservadoras, afastando-se do espírito crítico da Escola de Frankfurt. Suas principais obras foram: *Conhecimento e interesse; Técnica e ciência como ideologia; Para a reconstrução do materialismo histórico.*

Outro nome importante na sociologia alemã a partir do pósguerra é Dieter Prokop (1941-), que produziu obras marcadas pela influência da Escola de Frankfurt. Ele aprofunda a teoria da indústria cultural realizando vários estudos sobre o cinema. Ele faz uma análise da força dos monopólios sobre a produção cinematográfica. Entre suas obras destacam-se: *Sociologia do filme; Materiais para uma teoria do filme, Cultura de massas e espontaneidade.*

Após o nazismo, a produção sociológica alemã teve pequena repercussão. Isso se deve em parte à separação entre Alemanha Ocidental e Alemanha Oriental, somente reunificadas na década de 90 do século 20. Outro motivo foi a destruição pela guerra, a morte de muitos intelectuais, a emigração sem volta de muitos pesquisadores. Mas o motivo fundamental foi a crise do pensamento alemão que perdeu a linha de continuidade e teve que se defrontar com uma sociologia fortemente empírica no resto do mundo, bem como o desenvolvimento de outras ciências humanas no mesmo sentido.

Após essa breve exposição descritiva do desenvolvimento da sociologia alemã, podemos fazer um balanço geral de sua produção. Em primeiro lugar, cabe destacar a especificidade da sociologia alemã: sua ligação com as tradições filosóficas desse país. O kantismo, o hegelianismo, o neokantismo-historicista, a fenomenologia, foram extremamente influentes no pensamento social alemão e daí a sociologia alemã não conseguiu declarar sua autonomia como conseguiu na França com Durkheim e em outros países. Helmut Schelsky (1912-1984), um discípulo de Hans Freyer, coloca que a falta de autonomia da sociologia na Alemanha e sua íntima ligação com a ciência econômica e a filosofia foi graças à quase inexistente influência de concepções estrangeiras.[7] Sem dúvida, essa é uma das determinações das peculiaridades da sociologia alemã, mas cabe ressaltar que o processo de desenvolvimento da sociedade alemã, sua industrialização posterior ao ocorrido em outros países europeus e sua unificação tardia, aliada com o forte nacionalismo enraizado em sua formação cultural também são importantes para explicar esse fenômeno. A Alemanha não desenvolveu fortes ciências naturais, e a sua filosofia realizou um trabalho crítico em relação a elas. Isto contribuiu com o desenvolvimento de uma sociologia com forte influência filosófica, derivada das formas filosóficas em voga nesse país.

Desta forma, a sociologia alemã teve como grande expressão aqueles pensadores que conseguiram produzir uma sociologia mais autônoma, embora nem eles tenham conseguido se desvencilhar totalmente das influências já aludidas. Esse é o caso de Max Weber e Karl Mannheim.

A sociologia francesa

Passemos agora para a sociologia na França. Esta teve um processo de formação diferenciado, como mostramos no capítulo referente à formação da Sociologia. A sociologia francesa possuiu um conjunto de precursores que lançaram as suas bases, e Durkheim foi o sistematizador dessa ciência. A primeira escola francesa de Sociologia foi justamente a durkheimiana. Em torno de Durkheim e da sua revista, *L'Année Sociologique*, produziram-se vários estudos. Marcel Granet (1884-1940) publicou vários estudos sobre a China, destacando-se *O pensamento chinês*; Celestin Bouglé (1870-1940) se dedicou à sociologia geral e apresentou trabalhos sobre a sociologia francesa, destacando Durkheim, lhe

---

[7] SCHELSKY, Helmut. *Situação da Sociologia Alemã*. Rio de Janeiro: Tempo Brasileiro, 1971.

dedicando-lhe obras e fazendo prefácios de seus livros. Suas obras principais foram *As ideias igualitárias; Que é Sociologia; solidarismo; Lições de Sociologia sobre a evolução dos valores e Balanço da Sociologia francesa contemporânea.* Marcel Mauss (1872-1950) exerceria uma forte influência na Antropologia, tal como se vê em sua obra póstuma, de 1950, *Sociologia e Antropologia*; Georges Davy (1883-1977) publicou *Elementos de Sociologia aplicada à moral e educação*; Paul Fauconnet (1874-1938) publicou *A Responsabilidade*; François Simiand (1873-1935) publicou *O salário: evolução social e dinheiro* e *Método histórico e Ciência Social*.

Muitos outros sociólogos e obras poderiam ser acrescentados, mas nos limitaremos a citar um trabalho de caráter durkheimiano do início do século 20, o de Maurice Halbwachs (1877-1945). A sua obra não só apresenta originalidade, como é a mais extensa produzida entre os durkheimianos. Ele escreveu *A classe operária e seu nível de vida*; *Os quadros sociais da memória*; *As causas do suicídio*; *A evolução das necessidades das classes operárias*; *Morfologia social*; *Memória coletiva* (obra póstuma, 1950). Sua obra foi interrompida quando foi preso pelos nazistas, juntamente com Walter Benjamin, que foi liberado graças a intervenção de Max Horkheimer, o que não ocorreu com Halbwachs, que morreu no campo de concentração. A obra de maior repercussão de Halbwachs foi *Memória coletiva*, onde ele relaciona memória e grupos sociais, bem como memória e espaço. Ele também irá romper com alguns pressupostos durkheimianos. Irá elaborar uma teoria da estratificação social e valorar os grupos sociais, relegados a segundo plano na concepção de Durkheim. Irá também promover uma maior aproximação com a pesquisa empírica e retomar de forma ampliada o uso de técnicas quantitativas e a estatística.

No entanto, na sociologia francesa não existia apenas durkheimianos. Já antes de Durkheim, os precursores da Sociologia já possuíam posições diferentes. E, na época de Durkheim formaram-se duas escolas rivais. Uma dessas escolas era a de Frédéric Le Play (1806-1882) e a outra de René Worms (1869-1926).

Le Play manteve forte influência positivista clássica, com ideias próximas de Saint-Simon, Comte e Durkheim. Para ele, a

Sociologia deveria utilizar os mesmos métodos das ciências naturais, e o seu objeto de estudo são os fatos sociais. Ele centrava sua atenção na família, utilizando a técnica que hoje se denomina "estudos de caso" e depois o método comparativo para realizar uma análise mais abrangente.

Le Play discordava da tese da evolução e do progresso. Ele pensava o processo de transformação social como um processo cíclico: simplicidade, complexificação, corrupção e decadência. Ele observava vários fatores que provocavam a crise da sociedade de sua época, tais como o espírito revolucionário, a perda de influência das autoridades sociais, o desprezo pelos costumes nacionais, a crise da sociedade tradicional por causa da industrialização e corrosão dos valores, entre outros. Em 1864, ele escreveu a sua *Reforma Social na França* e realizou um conjunto de propostas visando combater os males que afligem a sociedade francesa, que iam desde a ideia de que não deveria haver igualdade entre os sexos, passando por reformas na agricultura e na indústria, a defesa da pequena propriedade e da valoração do lar, que deveria ser o lugar da mulher, mas que deveria ser enriquecido pela a formação científica e cultural, para que a influência do sexo feminino fosse mais rica.

Os herdeiros de Le Play mantiveram uma estrutura baseada em sociedades científicas e revistas (*La Réforme Sociale*; *La Science Sociale*; *Le Mouvement Social*), embora, no entreguerras, tenha perdido espaço (o que também ocorreu com os durkheimianos). A produção intelectual desse grupo teve como destaques as seguintes obras e autores: Paul Descamps (1873-1946): *A Sociologia experimental*; *O Estado social dos povos selvagens*; Paul Bureau: *A Ciência dos costumes – Introdução ao método sociológico*. A tendência leplaysiana possuiu um maior reconhecimento no exterior, em muitos casos maior do que o durkheimianismo.

A outra corrente era representada por René Worms (1869-1926), que possuía uma formação filosófica e buscava organizar a nova disciplina em diversas sociedades científicas e outras iniciativas. Outro nome importante nessa escola era o de Gabriel Tarde

(1843-1904). Na verdade, Worms era o grande articulador, e Tarde o grande ideólogo do grupo. Worms, em 1883, funda a Revista Internacional de Sociologia; em 1884, cria o Instituto Internacional de Sociologia; também em 1884, através do editor Giard e Brière, lança a coleção de livros intitulada Biblioteca Sociológica Internacional, publicando livros de autores franceses e de outras nacionalidades; em 1885, funda a Sociedade de Sociologia de Paris. Ele conquista o apoio de intelectuais renomados, tanto na França quanto no exterior, tais como Gabriel Tarde, Georg Simmel, Ferdinand Tönnies, incluindo especialistas de outras áreas, como o filósofo Ribot e o antropólogo E. Tylor. No entanto, essa escola não conseguiu muito sucesso, uma vez que a hegemonia era disputada entre durkheimianos e leplaysianos, embora o combate aberto se desse entre os primeiros e o grupo de Worms-Tarde. Basta ver as críticas endereçadas por Durkheim a Gabriel Tarde em *As regras do método sociológico* para perceber o conflito manifesto. Os grandes nomes da tendência tardiana eram Worms, Tarde e Alfred Spinas. Gabriel Tarde publicou *As leis da imitação*; *A lógica social*; *A opinião e as massas*; René Worms publicou *Organismo e Sociedade* e *Filosofia das Ciências Sociais*; e Alfred Spinas publicou *As Sociedades Animais* na qual analisava a natureza não através da competição e da luta pela sobrevivência, concepção darwinista e hegemônica, mas através da cooperação, que seria a chave do processo evolutivo, e não a competição.

Os dois mais ativos representantes da escola tardiana possuíam concepções diferentes do círculo positivista clássico presente tanto na escola durkheimiana quanto na escola leplaysiana. Worms possuía uma concepção organicista de sociedade. Para ele, o organismo é uma totalidade viva composta por partes igualmente vivas e essa fórmula se aplica à sociedade. As demais características do organismo (morfológicas, vitais) também se encontram na sociedade.

A concepção de Gabriel Tarde aponta para uma concepção de sociedade que valora a imitação. Tarde considera que uma relação social não pode ser derivada dos atributos físicos e das características anatômicas dos seres humanos nem do fato de possuir as mesmas necessidades vitais, tais como comer, beber, etc. A vivência

INTRODUÇÃO À SOCIOLOGIA

social é possível pelo motivo de que todos falam a mesma linguagem. A linguagem é um fenômeno social e tem origem social. Para falar é preciso ter ouvido falar. Isso ocorre por meio da imitação. Assim, um grupo social é uma união de seres humanos que realizam imitação mútua ou que se parecem uns com os outros como cópia de um estágio anterior de imitação.

A concepção tardiana de imitação tem como fonte sua ideia de repetição. Para ele, a repetição é uma lei geral que está presente no mundo físico (ondulação), no mundo biológico (hereditariedade) e no mundo psíquico e social (imitação). Todas as relações sociais podem ser reduzidas à relação entre duas pessoas e ao processo de influência e imitação presente nela. A sociedade surge quando um indivíduo modelou sua ação pela imitação do outro. Mas e a variação e a invenção? São um resultado de uma "combinação frutífera de imitações" sendo fenômenos, portanto, derivados da imitação. Ele irá desenvolver essa tese em uma de suas principais obras, *As leis da imitação*, bem como desenvolvê-la em *A lógica social* e aplicá-la em *A opinião e as massas*.

A escola tardiana, no entanto, entrará em declínio com a morte de dois de seus expoentes máximos, Tarde (1904) e Spinas (1922), sobrevivendo de forma bem precária na década de 1920. Assim, essa tendência que entrou em conflito aberto com os durkheimianos, sem produzir nenhuma polêmica intelectual de grande repercussão, representou uma força que, no fundo, contribuiu com a formação e a institucionalização da Sociologia na França, tal como os leplaysianos.

A sociologia francesa após a segunda guerra mundial entrava num novo período. A reconstrução nacional promoveu uma institucionalização mais forte da Sociologia, nos quadros de um novo Estado, integracionista, que apresentava forte intervencionismo em todas as esferas da vida social. É um momento também de maior racionalização, no sentido weberiano da palavra, da Sociologia, e as chamadas sociologias especiais, bem como as ditas "pesquisas empíricas", são extremamente fortalecidas e consolidadas. Há uma proliferação de instituições e publicações, aliadas a

79

uma expansão universitária da disciplina Sociologia. É assim que haverá amplo desenvolvimento da "sociologia do trabalho", incentivada por Georges Friedmann (1905-1977) e Pierre Naville (1904-1993), entre outros, e consubstanciado na Revista *Sociologia do Trabalho* (organizada por Friedmann e Stoetzel). Stoetzel (1910-1987) também animará a *Revista Francesa de Sociologia*, e Raymond Aron (1905-1983) os *Arquivos Europeus de Sociologia*.

Nessa época, irá se desenvolver também a sociologia das organizações, cujo papel proeminente coube a Michel Crozier; a sociologia rural, com Henri Mendras (1927-2003); a sociologia do lazer, com Jofre Dumazedier (1915-2002); a sociologia urbana, com Chombart de Lauwe (1909-); a sociologia da educação, com Bourdieu; a sociologia psicanalítica, com Roger Bastide. Surgem também importantes institutos de pesquisa: Laboratório de Sociologia Industrial, de Alain Touraine; Centro de Sociologia Europeia, de Aron; Grupo de Sociologia das Organizações, de Crozier.

A orientação empiricista toma conta da Sociologia. Não só as pesquisas como a ideologia empiricista se tornam predominantes. Georges Gurvitch, discípulo modernizante de Proudhon, funda o seu "hiperempirismo radical", para citar apenas um exemplo significativo. O durkheimianismo é muitas vezes rejeitado, bem como as tendências norte-americanas e Weber terão pouca penetração nos meios franceses. O marxismo não terá grandes representantes e a maioria desses assumirá uma posição de "não confronto". Surge uma amplitude de tendências e posições que às vezes farão alianças, às vezes entram em combate. Já no final da década de 1960, começa a existir maior preocupação metodológica e começam a proliferar os manuais.

Alguns autores realizaram ampla produção intelectual. É o caso de Georges Gurvitch que dedicará vários estudos à história da Sociologia, resgatando as obras de Saint-Simon, Proudhon, Marx e outros. Ele escreve obras como *Marx e Proudhon; Proudhon; Dialética e Sociologia; Os quadros do conhecimento social; A sociologia de Karl Marx;* entre inúmeras outras. Ele retoma a oposição proudhoniana entre sociedade econômica e Estado e acaba postulando a

INTRODUÇÃO À SOCIOLOGIA

ideia de autogestão social. Isso se vê principalmente na sua colaboração na constituição da revista *Autogestion*, depois substituída em seu título por *Autogestion et Socialisme*.

Outro nome de destaque é Henri Lefebvre (1901-1991), autor de forte influência marxista. Num primeiro momento, Lefebvre está ligado ao Partido Comunista Francês, mas a sua fase criativa ocorre a partir de sua expulsão desse partido em 1958. Lefebvre irá produzir obras importantes como *A sociologia de Marx; Crítica da vida cotidiana; A vida cotidiana no mundo moderno; Introdução à Modernidade; Linguagem e sociedade; Lógica formal e Lógica dialética; O direito à cidade; Pensamento marxista e a cidade; O Materialismo dialético*; entre outras. Ele também foi um dos colaboradores de *Autogestion et Socialisme*.

Lefebvre irá desenvolver suas teses em três pontos principais. A primeira será metodológica. Ele não só constata a miséria metodológica da ideologia dos partidos ditos "marxistas" como propõe atualizar metodologicamente o marxismo. Assim, ele busca recuperar a importância da totalidade e fazer um balanço do método marxista. Busca também compreender a contemporaneidade, abarcando a formação de novos conceitos, nos quais se destacam o de cotidianidade e modernidade.

Daí ele aponta para a sua segunda contribuição: uma teoria da modernidade e da cotidianidade. Segundo Lefebvre, a sociedade contemporânea é marcada pela exploração capitalista e pode ser caracterizada como uma "sociedade burocrática de consumo dirigido". A modernidade é um conjunto de instrumentos ideológicos da classe dominante utilizados para constituir uma alienação generalizada. A expressão da modernidade se encontra nos formalismos, tais como o estruturalismo,[8] a cibernética, a cientificidade e a tecnicidade, dotando de racionalidade a sociedade fundada no irracional (consumismo destruidor).

---

[8] O método estruturalista surge na Lingüística com Ferdinand Saussure (1857-1913) e é sistematizado na Antropologia com Claude Lévi-Strauss, expandindo-se para outras ciências humanas.

A modernidade esconde a coerção que se exerce na cotidianidade. A cotidianidade promove uma repressão total, atingindo todos os domínios e é determinada pela publicidade e pelo planejamento que visa direcionar a energia criadora do homem ao consumo passivo, exemplificado na moda, no turismo, no automóvel, na cultura dirigida. A alienação total promove, na conclusão radical de Lefebvre, a necessidade de revolução total. Lefebvre representa, assim, uma posição marxista que, após analisar a sociedade moderna, aponta para a proposta de revolução social, tal como Marx.

Outro nome importante na sociologia francesa é Lucien Goldmann (1913-1970). Goldmann contribuiu de forma intensa para o desenvolvimento da sociologia da arte, mais especificamente a sociologia da literatura. Também desenvolveu teses sobre sociologia da cultura e do conhecimento, analisando questões como a dos limites da consciência de classe, através de sua distinção entre consciência real e consciência possível, inspirada em Marx e Lukács. As suas principais obras foram: *O Deus oculto; Dialética e cultura; Ciências Humanas e Filosofia – que é Sociologia?; Sociologia do romance.*

Nesse período, também surge, nas fronteiras da Sociologia com a Psicologia, a chamada *Análise Institucional*, também denominada *Sociologia da Intervenção*. Os grandes nomes dessa escola são Georges Lapassade (1924-); René Lourau (1933-2000); Michel Lobrot (1924-) Max Pages (1926-), Remi Hess (1947-). Embora não seja uma escola sociológica propriamente dita, a corrente da análise institucional irá assumir posição intelectual fundamental na sociedade francesa. O estudo das instituições, da pedagogia, da autogestão pedagógica e da burocracia são as temáticas fundamentais desse grupo que tem como grande influência Marx, Hegel, Lukács, Freud (1856-1939), Sartre (1905-1980), Weber e o freudo-marxismo, isto é, os pensadores que buscam unir marxismo e psicanálise. Eles também se integraram no projeto da revista *Autogestion et Socialisme*. A análise institucional tem como objetivo fundamental analisar as instituições sociais observando como elas são produzidas e reproduzidas, visando, em muitos casos, intervir nessas instituições para "libertar a palavra" e transformá-las. Não existe homogeneidade no interior dessa corrente, possuindo posições mais conservadoras (Remi Hess) e mais críticas (Lapassade, Lourau), de orientação mais psicológica (Max Pages, Lobrot) ou mais sociológica (Lapassade, Lourau).

Georges Lapassade produziu uma obra fundamental, intitulada *Grupos, organizações e instituições*, na qual analisa as fases da burocratização, apresenta uma análise de conceitos, processos e contribuições teóricas sobre a burocracia. As principais obras desta corrente, além da já citada de Lapassade, são: Georges Lapassade: *A entrada na vida; A autogestão pedagógica*; René Lourau: *A análise institucional*; René Lourau: *Sociologia em tempo integral*; Michel Lobrot: *Contra ou a Favor da autoridade*; Remi Hess: *Sociologia da intervenção*; Georges Lapassade e René Lourau: *Chaves de Sociologia*.

A partir do final da década de 60 e início da década de 70 (e se prolongando até os anos 80) do século 20, a Sociologia assume uma nova configuração na França. O sucesso no mercado editorial, incentivado pelas novas temáticas, principalmente a questão do consumo e do cotidiano, em estilo pós-moderno, tendo como grandes representantes Jean Baudrillard (1929-), Michel Maffesoli (1944-) e outros é uma das razões do surgimento desta nova configuração. Surgem, nesse período, quatro tendências: o sócio-objetivismo de Bourdieu (1930-2002); o acionalismo de Touraine (1925-...); o estrategismo de Crozier (1922-...); o individualismo metodológico de Boudon (1934-...).

O individualismo metodológico é uma postura metodológica presente nas ciências humanas desde o seu nascimento e tem como expressões os economistas clássicos (e liberais) como Adam Smith (1723-1790) e David Ricardo (1772-1823). Na Sociologia, Max Weber é um bom exemplo de postura individualista metodológica, ao centrar sua atenção no sentido da ação social atribuído pelo indivíduo. O individualismo metodológico de Boudon, por conseguinte, não traz nenhuma grande novidade. Boudon contesta o chamado "holismo" (princípio metodológico contrário, que parte do todo ao invés das partes, e está presente em Durkheim, para quem o "todo é mais do que a soma das partes") e enfatiza as motivações dos indivíduos para explicar qualquer fenômeno social. Assim, os indivíduos são os "átomos básicos" da análise do social, que passa a ser entendido como mero resultado de atividades individuais. As principais obras de Boudon são: *A Desigualdade de Oportunidades; efeitos perversos e ordem social; A lógica do social; Ideologia* e, em coautoria com Lazarsfeld, *Vocabulário das Ciências Sociais* e *Análise empírica da causalidade* e, em coautoria com François Bourricaud, *Dicionário Crítico de Sociologia*.

O estrategismo de Michel Crozier se funda em sua tentativa de produzir uma sociologia da "ação organizada", indo além da sociologia das organizações. A tese de Crozier aponta para a visão de que a estrutura burocrática, com seus papéis e normas, não comanda as ações sociais unilateralmente. As organizações são produtos de estratégias, nem sempre conscientes e racionais, mas que perseguem determinados objetivos de acordo com a posição do indivíduo e seus interesses. Da análise das organizações, Crozier chega à sociedade como um todo, generalizando assim o seu modelo analítico. As principais obras de Crozier são: *A sociedade bloqueada; O ator e o sistema* (em coautoria com Erhard Friedberg); *O fenômeno burocrático*.

O acionalismo de Alain Touraine busca compreender a autoprodução da sociedade. A sua tese da sociedade pós-industrial se insere nesse contexto. Tal capacidade de ação, que Touraine chama historicidade, é o foco de atenção desse sociólogo. A ênfase recai sobre a historicidade ou o sistema de ação histórica, e os agentes históricos são as classes sociais e os movimentos sociais. Para ele, o objeto de estudo da Sociologia são os movimentos sociais, que, segundo ele, constituem o comportamento coletivo mais importante. Eles são agentes históricos que expressam formas de injustiça, opressão, miséria, desigualdade, e que buscam uma nova historicidade.

Pierre Bourdieu representa outra tendência, chamada por uns de "estruturalismo genético", mas preferimos denominar sua posição como "sócio-objetivismo", já que o ponto fundamental de sua concepção reside nas "estruturas objetivas", que são as estruturas sociais. A ideia de estruturas objetivas remete a Durkheim, para quem os fatos sociais são objetivos. Tais estruturas objetivas seriam independentes da vontade e da consciência dos indivíduos.

Bourdieu apresenta dois termos fundamentais para sua análise e que caracterizam estas estruturas objetivas: o *campo* e o *habitus*. O campo é uma esfera autonomizada da estrutura social (assim ele pesquisa o campo artístico, o campo político, o campo religioso, o campo científico) que possui subcampos (exemplos: o campo científico tem o campo sociológico como subcampo; o campo artístico tem o campo literário, e assim por diante). O *habitus* são as estruturas interiorizadas pelos indivíduos. A partir desses pressupostos, Bourdieu realiza amplo leque de pesquisas sobre os mais variados "campos", e sua abordagem é considerada por muitos como "reprodutivista", isto é, trabalha apenas em termos de reprodução da sociedade, e não em termos de transformação social.

Todos esses sociólogos estavam cercados por outros, formando grupos de colaboradores, bem como estavam ligados a algum centro de pesquisa e a publicação de alguma revista que lhe era o porta-voz. O exemplo mais consolidado é o de Pierre Bourdieu. Ele articulou um grupo de pesquisa em torno dele e contou com a colaboração de Jean-Claude Passeron; Jean-Claude Chaboredon; Luc Boltanski, Löic Wacquant, entre outros. Também lançou sua revista, *Atas de Pesquisa em Ciências Sociais*. O grupo de Bourdieu foi o que conquistou maior influência internacional.

A sociologia francesa produziu várias outras teses e concepções, mas não seria possível abordar todas no presente trabalho. Um amplo leque de autores e concepções poderia ser acrescentado, tal como Edgar Morin (1921-); os sociólogos influenciados pelo marxismo – Baudelot (1938-) e Establet (1940-) –, Serge Moscovici (1925-) e seu grupo, com a abordagem das representações sociais, entre inúmeros outros. Assim, fornecemos um apanhado geral da sociologia na França, apresentando algumas de suas mais conhecidas e influentes tendências.

Podemos, agora, fazer um balanço geral da sociologia francesa. Desde os precursores, ela passou por inúmeras mutações. A sistematização da sociologia por Durkheim, graças a sua própria sistematicidade e também a sua força institucional, superou as demais tendências existentes. Durkheim se tornou um representante do positivismo clássico, que tem na defesa da unidade metodológica entre ciências naturais e ciências humanas o traço distintivo entre ele e as demais formas de positivismo que lhe será posterior. A tese da unidade metodológica das ciências também se encontra em Le Play, porém, sem a sistematização que possui em Durkheim. Assim, a superioridade intelectual e institucional do projeto durkheimiano promoveu sua hegemonia na sociologia francesa.

Os precursores da Sociologia eram filhos da Revolução Francesa, tanto em suas tendências conservadoras quanto nas suas tendências críticas. Mas a geração posterior era filha da reação burguesa diante das dificuldades de reprodução do capitalismo e da lutas operárias, principalmente a Comuna de Paris de 1871, primeira tentativa de revolução proletária na França. Assim, o conservadorismo de Durkheim, Le Play, Tarde, tem sua origem nessa situação social. As mudanças sociais posteriores não trouxeram grandes mudanças, a não ser a progressiva institucionalização da Sociologia.

No pós-guerra, um novo contexto histórico promove nova fase da sociologia francesa, agora com o desenvolvimento de centros de pesquisa e a proliferação das sociologias especiais. A institucionalização, a especialização e a diversificação crescente da sociologia francesa são a expressão do novo momento histórico. A dinâmica da sociologia francesa é marcada pela recusa do durkheimianismo em grande parte dos casos. O positivismo clássico, no entanto, é substituído por outras formas de positivismo. Esse é o caso de Aron, Crozier e Boudon, mas também se encontra em outros autores cujas obras aparentam ser críticas mas que, no fundo, encobertas por um ecletismo, apresentam teses conservadoras. A principal característica da sociologia francesa nesse período é a defasagem no desenvolvimento teórico em proveito do desenvolvimento técnico e da empiria, bem como a defasagem entre o desenvolvimento da produção criativa substancial em favor do desenvolvimento da produção criativa formal, isto é, produzem-se e proliferam linguagens, formas, mas não conteúdos: "Novos nomes para velhas idéias ao invés de novas idéias".

Mesmo Pierre Bourdieu, o grande nome da sociologia france-sa, não escapa disso. Sua concepção de "campo" é nada mais do que a retomada da ideia weberiana de "esfera" com outro nome. O campo, tal como as esferas de Weber, tem leis próprias convivendo com leis gerais. Isso também ocorre na obra de Marx quando ele trata da divisão social do trabalho. Aliás, Durkheim também não é estranho a essa discussão. Por isso, afirmar que Bourdieu soube "combinar os três pais fundamentais da sociologia",[9] visto geralmente como opostos, é um eufemismo, uma vez que o correto seria dizer que ele simplesmente misturou numa salada indigesta os três, e acrescentou vários outros pensadores, para erigir sua discussão epistemológica – que só aparentemente consegue realizar seu propósito de superar o objetivismo e o subjetivismo; utilizou Weber para apresentar sua concepção de campo e fez uso da concepção durkheimiana (reprodutivista, portanto) para analisar os diversos campos, com pitadas de Marx e Weber.

Apesar disso, a obra de Bourdieu fornece importantes subsídios para se compreender a dinâmica das categorias profissionais e de um grau menor da divisão social do trabalho, desde que, obviamente, não se realize uma autonomização dos ditos "campos" e nem se perca de vista que a "subjetividade" não se limita ao "*habitus*", indo além dele, havendo também a possibilidade de manifestação de negação da sociedade existente, e não somente interiorização das "estruturas objetivas". A partir desta visão crítica, os seus estudos sobre educação, arte e outros fenômenos podem tornar-se esclarecedores. As suas principais obras foram: *A reprodução; As regras da arte; Questões de Sociologia; O poder simbólico; A distinção; Razões práticas; Economia das trocas linguísticas; Economia das trocas simbólicas.*

---

[9] CORCUFF, Philippe. *As novas sociologias. Construções da realidade social.* São Paulo: Edusc, 2001, p. 47.

As lutas institucionais não produziram, por sua vez, fortes embates intelectuais, pelo menos no campo próprio da Sociologia. A disputa entre as tendências de Touraine e Bourdieu, pela influência e grau de institucionalização de ambas, deveria ter produzido um debate intelectual muito mais amplo e profundo do que o que surgiu.

A influência do pós-estruturalismo e a ênfase no cotidiano é uma retomada conservadora de temáticas já presentes em Henri Lefebvre, na Sociologia, e na Internacional Situacionista, na esfera política. O conservadorismo do pós-estruturalismo ou pós-modernismo e de abordagens sociológicas "individualistas", no que se refere a temática do cotidiano ocorre pelo isolamento da vida cotidiana em relação ao conjunto das relações sociais e, consequentemente, na despolitização dela. Touraine, Crozier e Bourricaud (1922-) eram contestados pelos alunos, antes mesmo da rebelião estudantil de Maio de 68. Essa influência do pós-estruturalismo ocorre em virtude do novo contexto histórico emergido a partir do final da década de 1960 e que é marcado por um profundo conservadorismo, que se torna ainda maior após 1980 e só começa a ser rompido a partir da segunda metade da década de 1990. Mas esse é um processo em andamento.

A sociologia norte-americana

Os primeiros passos no sentido da criação de uma sociologia norte-americana foram dados mediante obras de um conjunto de pensadores, mas somente se sistematizou no início do século 20. Antes disso, os precursores da Sociologia foram William Summer (1840-1910); Albion Small (1854-1926); Lester Ward (1841-1913); Franklin Giddings (1855-1931).

Small foi o primeiro diretor do Departamento de Sociologia criado na Universidade de Chicago, em 1892. Ele publicou um manual de sociologia em co-autoria com Georg Vicent em 1894 e lançou a revista *The American Journal of Sociology*, em 1895. Small era um representante do darwinismo social. William Sumner recebia grande influência do evolucionismo spenceriano e foi o primeiro presidente da *American Sociological Society* em 1907. Para ele, o *laissez faire* é uma lei econômica e social, tal como a lei da gravidade. A competição é a forma de regulamentação da sociedade, transformando-se, em sua abordagem, em algo benéfico. Charles Cooley (1846-1929) vai desenvolver uma concepção organicista de sociedade, que é, para ele, assim como para Durkheim, mais do que a soma das partes, constituindo uma unidade organizada, que seria a unidade da mente social. O indivíduo é inseparável da consciência social e não pode, segundo Cooley, pensar sozinho. Suas principais obras foram: *Natureza humana e ordem social; Organização social e processo social.*

Lester Ward escreveu sua *Sociologia dinâmica*, segundo ele próprio, inspirado na "esterilidade essencial" de tudo que é abordado pela ciência social. A Sociologia, para ele, deveria ser uma ciência dinâmica e positiva e visar o controle do processo evolucionário. Ele apresentava a novidade de questionar o evolucionismo spenceriano e de ressaltar o papel dos fatores psíquicos no processo histórico.

No processo civilizatório, os fatores psíquicos são mais importantes que os naturais, já que o advento da consciência fez a lei psicológica (ou lei do pensamento) superar a lei da natureza e substituí-la. Ele foi um severo crítico do *laissez faire*, considerado por ele como "incoerente, fragmentário, falso e fútil". Não correspondia à lei humana e dificilmente era compatível com a lei da natureza. Ele criticava a ideologia da sobrevivência do mais apto, que para ele não tem sentido. Além disso, o termo "apto" é impreciso, pois resta dizer: apto em quê? O elogio da competição na esfera econômica era mais uma insinceridade, tendo em vista o caminho rumo à monopolização da economia, isto é, um movimento dos próprios industriais contra a competição.

Tornstein Veblen (1857-1929) apresentaria um posicionamento crítico no interior da nascente sociologia norte-americana. Sua formação era em Filosofia e Economia. Ele negava a doutrina spenceriana e considerava a economia política clássica uma pseudociência, expressando os interesses dominantes. Sua visão equivocada do marxismo fez com que se afastasse também dessa concepção, considerada por ele como economicista. Sua grande obra foi *A teoria da classe ociosa*, na qual ele faz uma interessante análise do consumo, distinguindo entre consumo conspícuo e consumo vital. Ele ainda desenvolveu uma teoria da divisão social do trabalho para enquadrar o que ele denominou "classe ociosa", que surge nos estágios avançados da cultura bárbara e se caracteriza pela não ocupação em atividades industriais. Outras obras importantes de Veblen foram: *Teoria da empresa; O status bárbaro da mulher; A Alemanha Imperial e a Revolução Industrial; O lugar da ciência na civilização moderna.*

Com exceção de Veblen, a sociologia norte-americana até então era predominantemente empiricista e se dividia entre os intervencionistas – que pensavam que a Sociologia deveria preocupar-se com os problemas sociais – e liberais – que inspirados em Spencer, defendiam o *laissez faire*. Essa sociologia, entretanto, ainda se encontrava numa fase rudimentar, tal como eram, no contexto francês, as obras de Saint-Simon, Proudhon e Comte, pois ainda não haviam lançado as bases de uma ciência sistemática. Mas, no início do século 20, a partir da década de 20, a situação começa a se alterar e surgem as duas primeiras escolas sociológicas nos Estados Unidos: a Escola de Chicago e a Escola Culturalista.

A Escola de Chicago durou aproximadamente de 1915 a 1940. A sua orientação também é claramente empiricista e, tal como a tendência intervencionista, ligada aos problemas sociais e ao planejamento social. Os temas privilegiados foram a imigração, as relações étnicas, a criminalidade, as gangues, a delinquência juvenil, as atitudes individuais. O forte da Escola de Chicago era o desenvolvimento de técnicas de pesquisa, de acordo com sua orientação empiricista. O uso de documentos pessoais (cartas, por exemplo), o trabalho de campo, a história de vida, a observação participante, as fontes documentais, as entrevistas e as técnicas quantitativas foram aplicadas por essa escola e se tornou o centro de sua produção. Os trabalhos, no entanto, permanecem descritivos e contribuem mais decisivamente com a sociologia urbana e a sociologia criminal. Poucas reflexões foram desenvolvidas, destacando-se a tese de Louis Wirth sobre o urbanismo, considerado

INTRODUÇÃO À SOCIOLOGIA

por ele como um "modo de vida". Os grandes representantes dessa escola foram Robert Park (1864-1944); E. Burgess (1886-1960); Louis Wirth (1897-1952); William Thomas (1863-1947); Floram Znaniecki (1882-1958). As grandes obras foram: *O camponês polonês na Europa e na América*, de Thomas e Znaniecki; *A cidade*, de Park, Burgess e Mckenzie; *Introdução à ciência da Sociologia*, de Park e Burgess; *O homem marginal*, de Stonequist.

Em Harward, as incursões de Elton Mayo (1880-1949) na área da sociologia industrial (que corresponde, na França, onde o conservadorismo é menor, à sociologia do trabalho) manifestam a preocupação com a intervenção social na perspectiva conservadora. Na mesma universidade, o russo emigrado Pitirim Sorokin (1889-) vai desenvolver suas teses, incluindo suas obras sobre história da Sociologia e *Sociedade, cultura e personalidade*. Ao contrário do que ocorria em Chicago, não havia o abandono da teoria e nem das contribuições estrangeiras.

O filósofo G. H. Mead (1863-1931) influenciará a segunda geração da Escola de Chicago. O interacionismo simbólico tem suas origens no pragmatismo de Charles Peirce (1839-1914), William James (1842-1910) e John Dewey (1859-1952). A tese de Mead é baseada em algumas ideias-chave, que podem assim ser resumidas: os seres humanos vivem num mundo simbólico e físico, e as significações são construídas por eles. São essas significações ("signos naturais") que permitem que um indivíduo tome o papel do outro, já que temos uma cultura em comum, marcada por um conjunto de significações e valores, e isso nos fornece direcionamento e previsibilidade da ação de outros. Daí Mead distingue entre o "eu" e o "mim": o "eu" se refere ao organismo e suas necessidades, e o "mim" se refere ao papel social, o que significa que o "eu" é singular-individual, e o "mim", social. O pensamento é a avaliação dos resultados (vantagens e desvantagens) e escolha de ações entre as soluções existentes, substituindo a tentativa e o erro e compondo um comportamento único.

Essa é a fonte inspiradora da nova escola sociológica, o interacionismo simbólico, também considerada segunda geração da

Escola de Chicago. A expressão interacionismo simbólico é criada por H. Blumer (1900-1987), um dos representantes da segunda geração da Escola de Chicago. A escola interacionista vai se dedicar principalmente à análise do "desvio" e dos "marginais". O "desvio" passa a ser visto como uma produção simbólica da sociedade, já que não existe critério consensual para se definir as normas e o seu desvio. Isso será aprofundado por Erving Goffman (1922-1982), em seu livro *Estigma*; ele é também autor de *A representação do eu na vida cotidiana*.

Depois do fim da Segunda Guerra Mundial, a sociologia norte-americana realiza um processo de institucionalização ainda mais intenso, e a Fundação Rockfeller assume uma posição quase monopolista no financiamento das pesquisas. A formação de novos institutos e centros de pesquisa, publicações, etc., marcam uma nova fase da produção sociológica nesse país. É nesse contexto que surgem as duas novas tendências sociológicas hegemônicas: o empirismo quantitativista e o funcionalismo.

O empirismo quantitativista tem como grandes representantes Samuel Stouffer (1900-1960) e Paul Lazarsfeld (1901-1976), que era um vienense que esteve na origem da Escola de Frankfurt e trabalhou com estatística nas pesquisas frankfurtianas e posteriormente mudou-se para o Estados Unidos e recebeu uma bolsa da Fundação Rockfeller em 1932. Os temas eram os mais facilmente quantificáveis e interessantes para o mercado, tais como as decisões de consumo, escolhas eleitorais, meios de comunicação de massa. Essa sociologia se aproxima muito das chamadas "pesquisas de mercado". Na verdade, ela não apresentou nenhuma contribuição relevante para a Sociologia, visto que se limitou à aplicação de uma técnica, a estatística, e os aperfeiçoamentos técnicos em si mesmos foram muito pobres, por não estarem orientados para uma perspectiva teórica ou sociológica, parecendo mais o repositório de uma "forma sem conteúdo".

Simultaneamente se desenvolvia o funcionalismo. Sociólogos renomados como Talcott Parsons (1902-1979), Robert Merton (1910-2003), entre outros, desenvolveram o funcionalismo

INTRODUÇÃO À SOCIOLOGIA

estrutural ou estrutural-funcionalismo, que é uma adaptação do funcionalismo antropológico à análise da sociedade moderna. A Antropologia teve o desenvolvimento do funcionalismo na obra de autores como Bronislaw Malinowski (1884-1942); Radcliffe-Brow (1881-1955); Evans-Pritchard (1902-1973), entre outros. O que os antropólogos funcionalistas faziam era reproduzir a desgastada concepção organicista e evolucionista, retirando sua historicidade e trocando o organicismo por um modelo de linguagem formal homólogo a ele. Eles consideravam a sociedade como um organismo composto por órgãos que têm a função de o reproduzir. A palavra função assume aqui uma importância fundamental. Inclusive o seu caráter organicista, influenciado pela Biologia, está presente na primeira obra do principal ideólogo do funcionalismo, Malinowski, intitulada *Teoria científica da cultura*. Mas, depois da orientação biologista, ele assume uma posição nominalista em *Os argonautas do Pacífico Ocidental*. Essa versão do funcionalismo trabalha não com a ideia de organismo, e sim de todo ou totalidade, e não mais "órgãos", e sim "partes", "instituições", etc. O termo-chave, no entanto, continua sendo função. As partes têm a função de reproduzir o todo, que é a sociedade. Essa á a função das instituições sociais, tais como a religião, o mito, a sociabilidade, etc.

Robert Merton e Talcott Parsons irão retomar essas teses e aplicá-las à sociedade moderna. O estrutural-funcionalismo toma a "estrutura social" como a totalidade do social, isto é, como equivalente de sociedade, na maioria dos casos. A expressão função significa, nessa abordagem, algo que desempenha um papel, tem um objetivo, uma finalidade. Perguntar sobre a função de uma instituição social significa perguntar para que ela serve. O funcionalismo não toma o indivíduo em si mesmo, e sim a estrutura social e suas partes componentes. A estrutura social deve ser compreendida como o conjunto de regulamentações sociais que buscam realizar certos objetivos. Em outras palavras, a estrutura social, ou sistema social, é composto por diversas estruturas (ou instituições) que têm determinadas funções, o que significa que a estrutura social é um sistema composto por subsistemas que têm funções. A função é reproduzir o sistema.

93

Em razão dos limites desse tipo de abordagem, Merton vai complexificar um pouco a questão ao colocar a existência de funções e disfunções e de funções manifestas e funções latentes. Nem tudo na sociedade é funcional, já que podem existir elementos disfuncionais, isto é, em vez de servirem para a reprodução do todo, criam obstáculos para essa reprodução. As funções manifestas são o resultado das práticas sociais pretendidas, e as funções latentes, resultados inesperados dessas práticas sociais, sendo, por conseguinte, de difícil visibilidade para os seus agentes. A função social da religião, por exemplo, é de integrar a sociedade. Isso por que a religião é um subsistema. Mas, como existem religiões ou manifestações religiosas (o igualitarismo anabatista, a teologia da libertação, para tomar dois exemplos) que não servem a esses propósitos, é preciso cunhar a ideia de "disfunção".

As principais obras dos estrutural-fucionalistas foram: de Merton, *Sociologia: teoria e estrutura; A ambivalência sociológica*; de Parsons: *Estrutura social e ação*. É importante lembrar que tal concepção influenciou também a ciência política norte-americana, como se vê nas obras de David Easton, Roy Jones, entre outros. A corrente funcionalista teve desdobramentos na chamada "teoria dos sistemas", que busca aprofundar o estrutural-funcionalismo unindo-o com a cibernética e a "teoria da informação". A inspiração em Norbert Wiener (1894-1964), autor de *Cibernética e sociedade*, e Ludwig Von Bertalanffy (1901-1972), autor de *Teoria dos sistemas*, é visível, embora também se inspire em Parsons e outros pensadores da área específica da Sociologia. Walter Buckley (1921-), autor de *A Sociologia e a moderna teoria dos sistemas* é o seu grande ideólogo.

No mesmo período de hegemonia funcionalista desenvolvia-se outra concepção, a comportamentalista individualista, também chamada de "teoria da troca" ou "intercâmbio social". Essa tendência tem como grandes representantes George Homans (1910-1989) e Peter Blau (1918-2002). As fontes de inspiração são a economia política neoclássica e a escola behaviorista (comportamentalista) em psicologia, de Skinner (1904-1990). Homans focaliza o indivíduo. Tomando este como ponto de partida, busca-se compreender os grupos sociais. Os grupos seriam produtos dos objetivos dos indivíduos que os compõem. A motivação seria composta pelos desejos e objetivos individuais, e o grupo seria formado tendo em vista objetivos comuns. O indivíduo seria um agente egoísta visando a seus objetivos individuais. Ele realizaria o cálculo racional, contabilizando a recompensa e os custos, visando sempre a um lucro. O lucro ocorre com a minimização dos custos e o aumento da recompensa. Já a recompensa pode ser calculada em termos financeiros ou quaisquer outros. A aprovação social assume grande importância no interior dessa teoria. Peter Blau e outros sociólogos irão desenvolver essas teses. As principais obras do comportamentalismo individualista são: *O comportamento social*, de Homans; *Os grupos humanos*, de Homans; *A Psicologia Social dos grupos*, de J. Thibaut e H. Kelley; *Troca e poder na vida social*, de Peter Blau.

A etnometodologia é outra corrente que surgirá nos Estados Unidos, na década de 1960. Ela nasce, de certa forma, como uma reação ao empirismo quantitativista. Harold Garfinkel irá se opor à tese durkheimiana da objetividade dos fatos sociais (que para Garfinkel é "realização de seus membros, os indivíduos") e delimitar como campo de pesquisa as atividades práticas e o raciocínio prático. A etnometodologia se pretende o estudo empírico dos métodos utilizados pelos indivíduos para tomar suas decisões, elaborar suas práticas e raciocínios, focalizando a vida cotidiana. As principais obras da etnometodologia foram: *Estudos de Etnometodologia*, de H. Garfinkel (1917-) e *Sociologia cognitiva*, de A. Cicourel (1928-).

Um nome de destaque é o de C. Wright Mills (1916-1962). Ele é um dos poucos representantes de uma sociologia de orientação crítica nos Estados Unidos. A sua principal obra, *A imaginação sociológica*, é uma crítica radical ao que ele denomina "grande teoria" e "empirismo abstrato", isto é, ao estrutural-funcionalismo de Parsons e ao empirismo quantitativista. Ele critica Parsons pelo "fetichismo do conceito" e pelo formalismo que nunca desce à terra, isto é, nunca chega ao empírico ou a qualquer problema específico, que se revela como única coisa de "sistemático" em sua obra. Ele erige um modelo com pretensão universal que nunca se aproxima do empírico.

Por outro lado, o empirismo abstrato de Lazarsfeld e colaboradores, o empiricismo quantitativista, também é criticado. Essa abordagem toma a entrevista formal com uma série de pessoas, sua amostragem, e classificam as respostas, transferindo-as para fichas *hollerith*, para realizar levantamentos estatísticos. A força de atração dessa escola reside na facilidade do procedimento, acessível a "qualquer pessoa medianamente inteligente". Wright Mills acrescenta que, por detrás do empirismo abstrato, não existe "qualquer proposição" ou "teoria substantiva". O seu aspecto intelectual mais importante reside em sua particular filosofia da ciência, que se caracteriza por produzir um fetichismo metodológico, promovendo uma "inibição metodológica".

Wright Mills defende a sociologia clássica, especialmente Marx e Weber, contra as posturas empobrecedoras presentes na "grande teoria" e no "empirismo abstrato". Wright Mills também produziu outras obras importantes, como *Caráter e estrutura social*, em coautoria com Hans Gerth; *A nova classe média; A elite do poder*.

Vários sociólogos ficaram ausentes no breve histórico da sociologia norte-americana, mas seria impossível abarcar todos. Alguns tomam o trabalho de Gofmann como uma sociologia dramatúrgica em vez de uma continuidade do interacionismo simbólico, o que lhe valeria uma consideração à parte. Tem também certa influência e circulação a sociologia fenomenológica de Peter Berger (1929-); o trabalho sobre o caráter realizado por David Riesman (1909-2002), em *A multidão solitária*; o alemão imigrado Vance Packard (1914-1996) e suas críticas à sociedade de consumo e da vigilância em *Estratégia do desperdício* e *Sociedade nua*, respectivamente; Alvin Gouldner (1920-1980) e sua *A crise vindoura da sociologia ocidental*; e nos anos 1990 a sociologia política dos movimentos sociais de Rudolf Heberle. Muitos outros nomes poderiam ser acrescentados a essa lista.

É preciso destacar a produção sociológica de influência marxista (muitos se declaram marxistas). Na década de 1960 e início da década de 1970, Michael Harrington (1928-1989) publicou obras importantes tais como *A outra América – pobreza nos Estados Unidos*, destacando a pobreza e miséria nos Estados Unidos, *A revolução tecnológica e a decadência contemporânea*, e sua principal obra *O crepúsculo do capitalismo*, no qual aborda a decadência do capitalismo e busca recuperar o "Marx autêntico" em lugar do Marx deformado e determinista. Há os estudos literários e depois sobre o pós-modernismo de Frederic Jameson (1934-), tais como *Marxismo e Forma* e *Pós-Modernismo – A lógica cultural do capitalismo tardio* e as análises sobre o "sistema mundial" e o "capitalismo histórico" de Imanuel Wallerstein (1930-): *O capitalismo Histórico; Após o Liberalismo*.

A história da sociologia norte-americana, tal como pode ser vista aqui, é marcada por forte empiricismo e conservadorismo, com raras exceções. A explicação desse fato deve ser fornecida pela história dos Estados Unidos e a posição hegemônica mundial desse país. A crise mais forte que abalou a sociedade norte-americana foi a crise de 1929. Na década de 1960, a Guerra do Vietnam e a contestação desse período permitiram o florescimento de uma sociologia mais crítica.

A fase formativa da sociologia norte-americana é marcada pela influência de Spencer e por uma pobreza teórica. A fase de consolidação, quando se institucionaliza e sistematiza a sociologia, sua época clássica, não significou nada mais de que sua institucionalização, já que a Escola de Chicago e outras expressões sociológicas norte-americanas não só não conseguiram produzir uma obra clássica ou sistematizadora da Sociologia como não assimilaram as contribuições dos clássicos da Sociologia. A sociologia norte-americana se refugiou num empiricismo e tecnicismo empobrecedor. A fase de desenvolvimento, marcada pelo funcionalismo, empiricismo quantitativista e outras tendências, mostraram o divórcio entre o que se chama "pesquisa empírica" e "teoria", produzindo concepções empiricistas que nada acrescentaram ao saber sociológico e grandes concepções que estavam deslocadas da realidade concreta. As posturas críticas também não conseguiram ir muito longe, tanto do ponto de vista teórico quanto do ponto de vista do engajamento político. Apesar disso, a partir da década de 1950, inicia-se o processo de hegemonia mundial da sociologia norte-americana. Mas não há nada de espantoso nisso, pois basta uma explicação sociológica: a grande potência mundial é também uma grande potência cultural, independentemente da qualidade e da veracidade de suas teses.

A Sociologia no Resto do Mundo

A Sociologia no resto do mundo não viveu um surto de desenvolvimento como no caso da França, da Alemanha e dos Estados Unidos. Iremos citar algumas obras e autores brevemente e depois faremos um balanço geral do desenvolvimento da Sociologia no mundo.

Comecemos pela sociologia britânica. A sociologia na Inglaterra, depois de Herbert Spencer, não teve grandes nomes. Um grupo de leplaysianos foi o responsável pelos primeiros passos rumo a uma sociologia britânica. Charles Booth (1840-1916); Patrick Guedes (1854-1932); e Victor Branford (1864-1930) irão unir as teses de Le Play com a estatística social e irão estudar a cidade, especialmente Londres, além de lançarem as bases da planificação urbana em seu país. Francis Galton (1822-1911), ideólogo racista e primo de Darwin (1808-1882), que produzirá a ideologia da melhoria humana através da eugenia (purificação da raça), também terá um papel influente nessa época. Citado e elogiado por seu primo Darwin, em *A origem do homem*, ele vai incentivar o desenvolvimento da estatística.

Leonard Trelawny Hobhouse (1864-1929) assume grande importância na história da sociologia britânica. A Sociological Society é fundada em 1903. Em 1907, é criado um departamento de sociologia na London Scholl of Economics, cujo primeiro professor é Hobhouse. No início da década de 1910, ele é, por algum tempo, redator da *Sociological Review*. Ele se opunha tanto ao liberalismo quanto ao socialismo burocrático, propondo uma espécie de socialismo democrático. A sua contribuição foi enciclopédica, abarcando Antropologia, Filosofia, Sociologia, etc. Ele é responsável por uma original resolução do problema da neutralidade de valores.

Segundo Morris Ginsberg, Hobhouse distinguia entre juízos de fato e juízos de valores (tal como Durkheim e Weber). Ele resolve esse problema com a ideia de que o desenvolvimento deve ser estudado do ponto de vista do fato histórico, relacionando os aspectos e analisando o seu objeto de estudo como um biólogo analisa a evolução orgânica, sendo esse o trabalho do sociólogo. Mas também deve promover, em relação ao mesmo fato histórico, uma avaliação ética, para verificar se o desenvolvimento satisfaz aos padrões éticos, que significa promover o bem racional e o desenvolvimento harmonioso das potencialidades humanas, sendo essa uma tarefa da filosofia social. Suas principais obras foram os três volumes de *Princípios de Sociologia* (1921; 1922; 1924); *Mente em evolução*; e *Morais em evolução*.

Outros nomes da sociologia inglesa são Morris Ginsberg (1889-1970), Anthony Giddens (1938-), Tom Bottomore (1920-1992) e Martin Shaw (1947-). Ginsberg será o principal nome da sociologia inglesa na década de 1930 e um admirador de Houbhouse. O grande mérito de sua obra é uma ênfase nas questões mentais e morais. Suas principais obras são: *Ensaio de sociologia e Filosofia Social*; *Sociologia*; *Psicologia da sociedade*. Tom Bottomore mostra certa influência do marxismo e produz algumas obras de certo alcance, como *Sociologia: Guia dos problemas e literatura* (traduzido no Brasil com o título *Introdução à Sociologia*); *Críticos da sociedade – o pensamento radical na América do Norte*; *As elites e a sociedade*; *As classes na sociedade moderna*. Shaw também apresenta forte influência do marxismo, tal como se vê em sua obra *Marxismo e Ciências Sociais*. Giddens apresenta trabalhos com influência marxista, mas, posteriormente, vai construindo uma sociologia metafísica sem grande relevância, embora consiga exercer certa influência internacional. Suas principais obras foram *As novas regras do método sociológico*; *Sociologia – uma breve, porém crítica, introdução*.

A sociologia italiana também não conseguiu destacar-se no cenário mundial. A grande força da sociologia italiana no início do século 20 foi a chamada "teoria das elites", de Vilfredo Pareto (1848-1923) e Gaetano Mosca (1858-1941). Mais recentemente, alguns representantes da sociologia italiana conseguiram

COLEÇÃO BIBLIOTECA UNIVERSITÁRIA

ultrapassar as fronteiras desse país, como é o caso de Alberto Melucci (1943-2001); Franco Ferrarotti (1926-); Francesco Alberoni (1929-) e Alessandro Pizzorno (1924-).

A sociologia russa atravessa duas fases. A fase formativa conta com Lavrov (1823-1900); Mikhailovsky (1842-1904); Yuzhakov (1849-1910) e Kareyev (1851-1930). Lavrov e Mikhailovsky também são considerados "populistas russos", isto é, pensadores ligados às lutas camponesas na Rússia. Ambos defenderam o "método subjetivo" em Sociologia. Eles representam a primeira fase da sociologia russa, que era sua fase formativa e seria aprofundada e reformulada por Yuzhakov e Kareyev, representantes de sua segunda fase. Após isto, com a implementação do regime bolchevique, a sociologia russa passa por uma fase de empobrecimento e passa a ser mera expressão ideológica do positivismo stalinista. Lavrov afirma que existem verdades absolutas em História e Sociologia, tal como em outras ciências, e algumas verdades somente se tornam acessíveis quando há amadurecimento da subjetividade social. A Sociologia é o estudo da solidariedade de indivíduos conscientes, e a solidariedade e o crescimento da individualidade caminham juntas. A sociedade gera indivíduos conscientes, mas, como são os indivíduos que tomam as decisões, então uma minoria de indivíduos críticos move a história, como agentes do desenvolvimento.

Mikhailovsky defendeu a tese de que a atividade social deve ter como objetivo fundamental a luta pela individualidade; e o critério de progresso seria a diminuição da divisão social do trabalho e o desenvolvimento integral do indivíduo, concepção semelhante à de Marx. Outro elemento coincidente com o pensamento de Marx se encontra em sua tese de que a divisão burguesa do trabalho degrada o trabalhador ocidental e aniquila sua individualidade. É por isso que ele irá encontrar na MIR – comuna camponesa russa – a possibilidade de implantação do socialismo na Rússia sem necessitar passar pelo capitalismo. É devido a isso que ele vai manter correspondência com Marx e Engels, e o primeiro vai colocar que sua tese da evolução dos modos de produção não é um evolucionismo unilinear, e sim um estudo histórico concreto, e que a Rússia, por causa de suas peculiaridades, pode, se acompanhada por uma revolução no Ocidente, chegar ao comunismo sem passar pelo capitalismo.

Ele trabalha, tal como Lavrov, com a ideia de possibilidade objetiva. Segundo eles, os indivíduos encontram diante de si diversas possibilidades de ação, e um conjunto de elementos faz com que haja a manifestação de uma delas. A confiança na possibilidade mais previsível propicia que as pessoas caiam no imobilismo e sigam a evolução natural dos fenômenos. É nesse contexto que ele vai abordar a questão do herói, que, para ele, é uma pessoa cujo exemplo atrai a multidão, em qualquer sentido.

Yuzhakov escreveu *Estudos sociológicos* e descartou o método subjetivo na Sociologia, considerando que esta estuda o subjetivo, mas de forma objetiva, mediante de uma "teoria científica da sociedade". Também para ele o desenvolvimento social é impulsionado pelos indivíduos. Kareyev afirma que é preciso estudar o fator subjetivo na história em vez de propor um método subjetivo. A Sociologia seria a ciência das leis gerais da sociedade, sendo, pois, objetiva. Ele também ressalta o papel do indivíduo na história. Ele escreveu as seguintes obras: *A função do indivíduo na história* e *Introdução à Sociologia*. Depois destes pensadores e antes da sociologia russa se tornar "soviética", apenas o nome de Sorokin conseguiu exercer alguma influência fora da Rússia, mas sem grandes ressonâncias.

O processo de formação da sociologia brasileira, tal como o caso da sociologia latino-americana em geral, é, comparativamente ao caso europeu, retardatário. A sociologia atravessou quatro fases. A primeira fase, que pode ser considerada "pré-sociológica", é marcada por uma importação de ideias europeias sem nenhuma elaboração teórica ou aplicação empírica, pelo menos que seja consistente. O que existe são referências e uso de palavras, tal como sociologia, mas nenhuma produção sociológica propriamente dita. Essa fase vai até 1930.

Após a Revolução de 1930, a sociologia brasileira entra em sua fase formativa. Entre 1930 e 1945, ocorre um processo de institucionalização dessa ciência no Brasil com a criação da Escola Livre de Sociologia e Política, mais tarde integrada à Universidade de São Paulo. Surgem os primeiros livros didáticos de Sociologia, escritos por Arthur Ramos (1903-1949); Delgado de Carvalho (1901-1951), Fernando de Azevedo (1884-1974), Carneiro Leão (1887-1966), etc., bem como a tradução de *As regras do método sociológico*, de Durkheim e a fundação da Sociedade de Sociologia de São Paulo. Também a vinda de intelectuais estrangeiros, como Roger Bastide (1898-1974), Jacques Lambert (1901-), Lévi-Strauss (1908-), entre outros, marcam um processo de aprimoramento da institucionalização da Sociologia no Brasil.[10] Outras publicações como as de Caio Prado Júnior (1907-1990) e Gilberto Freire (1900-1987) marcam um processo de formação de um pensamento mais elaborado e fundamentado em relação ao existente antes dos anos 1930.

A partir de 1945 inicia-se a terceira fase da sociologia brasileira, que é sua fase de consolidação, marcada pelo desenvolvimento do uso de técnicas de pesquisa, aplicação dos referenciais teóricos vindos da Europa ao estudo da sociedade brasileira. A inexistência de produção sociológica original se deve ao fato de que a sociologia brasileira nasce nos quadros do capitalismo subordinado e, assim, nasce com as marcas da subordinação. A sociologia subordinada brasileira nunca teve grande originalidade e foi sempre influenciada pelas tendências norte-americanas e francesas, principalmente. Nesse período, surgem obras importantes na história da sociologia brasileira: *A revolução brasileira*, de Caio Prado Júnior; *Sociedade de classes e subdesenvolvimento*, de Florestan Fernandes (1920-1995); *Industrialização e atitudes operárias*, de Leôncio Martins Rodrigues; *Brancos e negros em São Paulo*, de Florestan Fernandes e Roger Bastide; *Frentes de expansão e estrutura agrária*, de Octávio Guilherme Velho; *Trabalho e desenvolvimento no Brasil*, de Luiz Pereira; *Desenvolvimento e mudança social*, de Juarez Brandão Lopes; *O negro no Rio de Janeiro*, de Luiz Aguiar Costa Pinto; *A redução sociológica*, de Guerreiro Ramos, uma das poucas obras originais na sociologia brasileira.

Após essa fase, há o desenvolvimento da Sociologia, que vai assumindo maior complexidade e variedade, institucionalizando-se em várias regiões do País e ampliando tanto a discussão das grandes tendências internacionais quanto a aplicação empírica, ao sabor das modas estrangeiras, em razão do processo de colonização cultural reinante em nosso país.

---

[10] COSTA PINTO, L. A. *La Sociologia del cambio y el Cambio de la Sociologia*. 3. ed. Buenos Aires: Eudeba, 1963.

Por fim, podemos analisar o desenvolvimento da Sociologia no mundo. A sociologia nasce na Europa Ocidental e atravessou algumas fases, a saber: a fase formativa, a clássica (de consolidação) e de desenvolvimento. A fase formativa de uma ciência particular é caracterizada pela tentativa de alguns pioneiros em formar uma nova ciência, lançar algumas ideias e teses, esboçar o delineamento do seu objeto próprio de pesquisa e de seus elementos metodológicos. No caso da Sociologia, esta foi a fase marcada pelas obras de Saint-Simon, Comte, Spencer, Proudhon, entre outros. É quando surge a palavra sociologia, as primeiras definições do seu campo de estudo, seus primeiros esboços metodológicos. A fase clássica, ou de consolidação, é aquela marcada pela sua sistematização (delimitação do campo de pesquisa, definição metodológica, grandes clássicos) e institucionalização. Na Sociologia, essa é a fase em que se desenvolvem as obras de Marx, Durkheim e Weber, entre outros, e ocorre a institucionalização da Sociologia nos países destes pensadores.

A fase de desenvolvimento é aquela na qual ela vai se adaptando aos novos tempos, promovendo fusões, diversificações, desdobramentos. Essa é a fase posterior à época clássica. Nessa, temos muitas vezes um desenvolvimento formal, mas nenhum desenvolvimento substancial. É um período marcado por uma esterilidade, já que o saber científico é apenas parcialmente acumulativo. Por isso, muitas conquistas do passado são esquecidas, mesmo a dos clássicos da Sociologia. O breve histórico do desenvolvimento da sociologia esboçado aqui aponta para essa conclusão, visto que muito do que se produz hoje ou se produziu na história da Sociologia aparece, muitas vezes, como um retrocesso. Também o intercâmbio internacional desigual, reprodução das relações internacionais fundadas na subordinação, é outro problema, bem como o "protecionismo intelectual" de alguns países considerados desenvolvidos. Assim, as trocas intelectuais internacionais se tornam deficientes, além do obstáculo da língua.

Dessa maneira, o desenvolvimento da Sociologia é complexo, e não é marcado por nenhum evolucionismo rumo ao progresso, uma vez que o desenvolvimento do pensamento sociológico está intimamente ligado ao que ele estuda, isto é, à sociedade, e por isso possui avanços e retrocessos, está ligado a interesses, a relações de poder, e a um conjunto complexo de relações sociais. A influência crescente do Estado sobre a produção sociológica é outro elemento que dificulta o desenvolvimento e uma postura mais crítica da sociologia. Este breve histórico do desenvolvimento dessa ciência fornece alguns elementos para a compreensão desse processo, mas deve ser complementado com a leitura de outras obras que abordam não somente o desenvolvimento da Sociologia, mas o seu caráter social, revelando que a Sociologia também é um produto social.

CAPÍTULO V

TEMAS FUNDAMENTAIS DA SOCIOLOGIA

A Sociologia, desde o seu nascimento, possui algumas preocupações básicas no que se refere às relações sociais. Alguns temas são fundamentais para a Sociologia e qualquer teoria da sociedade. Um desses temas é a relação indivíduo-sociedade. Mas outros, como a divisão social do trabalho, a ideologia e cultura em geral, os movimentos sociais, a mudança social, são fundamentais na análise da sociedade moderna. No entanto, por não ser possível tratar muitos temas no presente espaço, iremos nos dedicar a alguns deles. Em primeiro lugar, abordaremos a relação indivíduo-sociedade por meio do conceito de socialização; em seguida, passaremos para o problema da divisão social do trabalho através do conceito de classes sociais; posteriormente, iremos abordar a questão da cultura e da ideologia; e encerraremos com uma discussão sobre mudança social.

Antes, vale alertar que buscaremos abordar tais temas com o mínimo de referências bibliográficas possível. A construção deste capítulo, embora embasado nas concepções sociológicas existentes, segue uma linha de autonomia intelectual, já que, em vez de abordar teses sobre a realidade busca expressar ela mesma. No entanto, não será possível descartar totalmente tais referências, visto que embora aqui se faça uma síntese singular de várias concepções, a origem de algumas deve ser explicitada.

Indivíduo e sociedade: socialização

A relação entre indivíduo e sociedade é uma das primeiras questões sociológicas, bem como uma das mais importantes.

Alguns pensadores consideram que a primazia pertence ao indivíduo, outros, por sua vez, consideram que essa pertence à sociedade. O indivíduo é um ser singular. Assim como não existem dois indivíduos com as mesmas impressões digitais, não existem dois indivíduos exatamente iguais no que se refere à sua formação psíquica, mental. Diferentes fisicamente, diferentes psiquicamente. Essa é uma verdade, mas não é toda a verdade. Isso se deve ao fato de que, ao lado das diferenças, também existem as semelhanças. Se os indivíduos não são exatamente iguais fisicamente, também não são totalmente diferentes. Não existem indivíduos humanos com quatro braços e, a não ser em casos de anormalidade genética, eles nascem basicamente iguais, bem como com diferenças no interior dessa igualdade básica. Alguns olham somente as diferenças, e daí não enxergam as semelhanças, ao passo que outros olham as semelhanças, e não veem as diferenças.

Da mesma forma, os seres humanos nascem com a mesma base psíquica. As possíveis diferenças nessa esfera são muito mais difíceis de ser delimitadas. Mas, com o processo histórico de vida dos indivíduos, há progressiva diferenciação em seu universo psíquico. As diferenças físicas e psíquicas vão aumentando com o processo histórico de vida dos indivíduos. Os acidentes e os traumas provocam marcas no corpo humano (cicatrizes) e na mente humana (problemas psíquicos). Assim, o indivíduo possui, ao nascer, um organismo com diversas capacidades, potencialidades, e, no decorrer de seu processo histórico de vida ocorre um conjunto de modificações.

O processo histórico de vida de um indivíduo humano é um processo social. Um indivíduo humano não é "humano" se não for socializado, isto é, se não viver em sociedade. Um indivíduo humano sozinho numa ilha não aprende a falar nem a pensar, já que o segundo depende do primeiro e este só se aprende convivendo socialmente. Por isso, nada mais exótico do que pensar um indivíduo autônomo, independente. Pensar o indivíduo nesses termos apelando para a razão é um equívoco, visto que a razão é constituída socialmente. A racionalidade oriental antiga difere bastante da racionalidade ocidental contemporânea; seria impossível um indivíduo da civilização ocidental atual "nascer" com a racionalidade de um indivíduo da civilização oriental antiga. Isto não significa determinismo, não quer dizer que o indivíduo esteja totalmente determinado. Ele possui uma autonomia relativa.

Desta forma, explicar o indivíduo significa explicar a sua formação social. A formação social do indivíduo se revela no processo de socialização. O conceito de socialização, tal como abordado por Durkheim e Peter Berger, é fundamental para compreender a relação indivíduo-sociedade. Mas antes disso é preciso retomar o que foi dito anteriormente e trabalhar as semelhanças entre os seres humanos. A ideia de natureza humana vem sendo utilizada desde a filosofia antiga até os nossos dias. Tal tese aponta para uma unidade básica da espécie humana, que muitas vezes é compreendida de forma metafísica, isto é, desligada das relações sociais e da história. Marx superou essa visão metafísica da natureza humana e abriu caminho para pensar esse conceito do ponto de vista histórico e social. Os seres humanos possuem necessidades básicas (comer, beber, amar, etc.), e a ação de satisfazê-las produz novas necessidades (trabalho, sociabilidade, afetividade, criatividade), que podemos denominar, respectivamente, necessidades primárias e necessidades secundárias. Esse conjunto de necessidades são o que podemos denominar necessidades radicais, isto é, que estão na raiz da espécie humana, constituindo a natureza humana. Quando o indivíduo nasce, ele já nasce com as necessidades primárias e, após o ato do nascimento, vai desenvolvendo as demais necessidades. É a velha tese de Haeckel (1834-1919) retomada por Freud, segundo a qual a filogênese (história da civilização) repete a ontogênese (história do indivíduo). No entanto, esse processo não é biológico, tal como pensavam Haeckel e Freud, e sim social.

Por conseguinte, o ser humano não nasce vazio. Não é, como já dizia o filósofo liberal John Locke, um papel em branco no qual a cultura escreve seu texto. Ele nasce com necessidades. Uma delas é a alimentação, que, não sendo satisfeita, gera a reação: o choro. Todo recém-nascido busca satisfazer suas necessidades primárias e secundárias. Esse é o espaço concedido à autonomia do indivíduo em nossa sociedade durante seus primeiros dias. Mas essa posição do indivíduo, de exigir a satisfação de suas necessidades radicais, permanece durante toda a sua existência e é um elemento de autonomia individual. As formas podem mudar, tanto da exigência quanto da satisfação. Tal processo de mudança é constituído socialmente.

A socialização é o processo no qual, por um lado, o indivíduo se torna um ser social e, por outro, se torna um indivíduo integrado em determinadas relações sociais. No primeiro caso, temos um elemento universal, isto é, o ser humano desenvolve a capacidade de conviver socialmente e a necessidade de sociabilidade. No outro caso, temos um elemento histórico particular, pois o indivíduo é preparado para aceitar e reproduzir determinadas relações sociais, que são as da sociedade onde ele nasceu, não tendo nada de universal, sendo um produto histórico. O filho de um servo é socializado para ser um servo, mas a servidão é uma relação social histórica, transitória, social, que não é universal. Independentemente disto, o filho de um servo se inicia no mundo das relações sociais e isto é universal.

O processo de socialização, quando ocorre de acordo com as necessidades radicais dos indivíduos, não é conflituoso e sim harmônico, mas isto depende das relações sociais concretas na qual o indivíduo irá viver. Em sociedades fundadas na exploração e na dominação, a socialização será conflitual, pois negará as necessidades radicais dos seres humanos. Ela entra em conflito com a natureza humana. Devido ao conflito, esta socialização será repressiva e coercitiva. Será repressiva porque deverá impedir a manifestação de determinadas necessidades e será coercitiva porque irá incentivar comportamentos e ideias que não brotariam espontaneamente no indivíduo. As sociedades divididas em classes sociais, isto é, fundadas na exploração e dominação, realizam um processo de socialização repressiva e coercitiva.

No entanto, é preciso saber quem são os agentes concretos do processo de socialização e quais são os seus mecanismos. Os agentes da socialização são todos os indivíduos que possuem relação direta ou indireta com a criança. Os mais importantes são os

INTRODUÇÃO À SOCIOLOGIA

mais próximos da criança e sua importância decresce com o distanciamento. A família assume papel fundamental no processo de socialização. O psicanalista Erich Fromm coloca que a família é o "agente psíquico da sociedade" e segundo G. H. Mead, ela traz em si o "outro significativo", isto é, as pessoas mais importantes para a criança. A importância da família é derivada da proximidade, da convivência, da afetividade, da assistência que esta proporciona à criança. A família, no entanto, não é uma entidade isolada da sociedade e muito menos sua "célula", tal como coloca o pensamento conservador. A família é também constituída socialmente e suas características são derivadas da formação dos indivíduos que a compõe e da fusão deles numa unidade familiar. A família socializa a criança repassando sua cultura, seus valores, suas condições sociais de existência. Até mesmo a mentalidade dos pais, o que Fromm chama de "caráter", é repassado para os filhos. Por exemplo, pais autoritários tendem a repassar o autoritarismo para os filhos. Se o pai e a mãe, ou mesmo um irmão mais velho, possuem muitas diferenças, isto irá influenciar na formação da criança, que poderá se identificar mais intensamente com um ou com outro. A identificação é um dos mecanismos do processo de socialização do qual trataremos adiante.

A comunidade circundante, a vizinhança, os parentes mais próximos, entre outros, também cumprem um papel no processo de socialização. Os modelos socialmente valorados também adquirem importância. Na nossa sociedade, os meios de comunicação, tal como a televisão, também assumem importância. Com o desenvolvimento, a criança vai tendo um processo de socialização cada vez mais complexo. A escola e as leituras marcam não somente o contato com pessoas diferentes (outras crianças, professores), mas também, em muitos casos, com atividades, ideias e comportamentos diferentes, o que amplia a margem de movimentação do indivíduo. A escola possui papel fundamental na socialização das crianças, já que ela realiza uma repressão e coerção integradora do indivíduo na sociedade, através da imposição de valores, ideias e normas de comportamento.

Os mecanismos do processo de socialização são a identificação, a afeição, a comunicação, a aprovação e a reprovação. A identificação é o processo no qual a criança se identifica com outro, isto é, compartilha com outro indivíduo modos de ser e pensar. Isso é próximo ao que Gabriel Tarde denominou imitação. No entanto, a ideia de imitação não tem o alcance que tem a de identificação. Esta última não tem apenas fonte externa, mas simultaneamente interna e externa, já que ela nasce da comparação. A ideia de imitação aparenta ser algo de origem puramente externa e carrega em si certa artificialidade. No processo de identificação, a criança vê a similaridade entre ela e o outro e a partir disso passa a se inspirar no outro – que se torna uma reafirmação dela mesma. A criança pode se identificar com os pais, os irmãos e os amigos, os personagens da televisão, etc.

A afeição é uma relação afetiva, sentimental. Ela é mais forte, no caso das crianças, em relação à família e círculos mais próximos. A afeição proporciona uma socialização geralmente de caráter universal, já que promove a solidariedade, a cooperação, a reciprocidade, além de ser a manifestação de uma necessidade humana. Ela cria vínculos poderosos entre a criança e o outro, que, no entanto, podem ser prejudiciais ao desenvolvimento do indivíduo, caso ele seja acompanhado pelo tradicionalismo, isto é, por fortes relações sociais tradicionais que excluem o círculo extrafamiliar do desenvolvimento da afetividade.

A comunicação é a forma pela qual as crianças entram em contato com o outro e se caracteriza pelo intercâmbio de ideias, informações, etc. Ela pode ser uma comunicação horizontal, quando é realizada com iguais, tal como outras crianças, ou vertical, principalmente autoridades. A igualdade de uma forma de comunicação entra em contraste com a desigualdade de outra. Na sociedade moderna, predomina amplamente a comunicação vertical, na família, na escola, etc.

A aprovação social é um mecanismo dos mais poderosos no processo de socialização. Nas sociedades de classes, ela é principalmente – mas não unicamente – uma forma de coerção. Da mesma maneira, nestas sociedades, a reprovação social é uma forma de repressão. A coerção é um processo no qual o indivíduo é constrangido a fazer algo, tendo caráter afirmativo, enquanto que a repressão é um processo de impedimento da ação, de caráter negativo. A coerção gera comportamento e ideias; a repressão impede comportamentos e ideias.

A aprovação social tem o papel de gerar comportamentos ou ideias através do incentivo. Os elogios, manifestação de apoio, a coparticipação, os prêmios, são formas de aprovação social. Por outro lado, a ridicularização, a crítica, a condenação, o ostracismo, a violência física, o castigo, são formas de reprovação social. Os mecanismos de aprovação e reprovação social são fundamentais no processo de socialização e são reproduzidos em todas as idades e relações sociais, mesmo depois de realizada a socialização básica dos indivíduos. A reprovação social é mais frequente do que a aprovação.

Através desses mecanismos realiza-se o processo de socialização. Ele poderá ser mais ou menos eficaz, dependendo de um conjunto de determinações. A importância da reprovação social na sociedade moderna é derivada fundamentalmente da repressão das necessidades humanas secundárias. Assim, a socialização adquire caráter conflitivo, e a resistência individual a esse processo se manifesta sob as mais diversas formas, que variam em intensidade, uma vez que também depende da intensidade da repressão. Essa resistência pode se manifestar tanto através dos mecanismos inconscientes apontados pela psicanálise quanto por recusa consciente.

É necessário perceber que a socialização da criança tem caráter básico, isto é, visa despertar nela um conjunto de valores, sentimentos, ideias e comportamentos que a preparam para viver em determinada sociedade e, ao mesmo tempo, para assumir determinado lugar nessa sociedade. Assim, a socialização da criança é, ao mesmo tempo, genérica e diferencial. A socialização genérica visa despertar na criança capacidades básicas de convivência social, tal como a fala e a escrita (este último ponto no caso da sociedade moderna), comportamentos considerados adequados, valores e sentimentos gerais típicos de sua sociedade.

A socialização diferencial visa formar o indivíduo para determinada posição no interior das relações sociais. Durante a chamada "infância", é principalmente a socialização para formar um comportamento de acordo com a idade e o sexo. A socialização masculina difere da feminina, já que os homens são preparados para sua futura posição na sociedade, com determinadas ideias, valores, sentimentos, comportamentos que são diferentes do das mulheres. Isso se revela nos brinquedos (bolas e carros versus bonecas e casas), no vestuário (valorado excessivamente no caso feminino, o que lhe aumenta os itens e variedades), nos valores (por exemplo: coragem, inteligência e força para as crianças do sexo masculino; beleza, simpatia e sensibilidade para as crianças do sexo feminino).

Outro aspecto da socialização diferencial reside na delimitação de comportamentos, valores, ideias e sentimentos específicos para as crianças. A opressão das crianças é tão grande que os adultos são aqueles que dizem o que devem fazer e querer as crianças. As crianças, segundo a visão dos adultos, devem necessariamente gostar de bicicletas e parques de diversão e, se forem do sexo masculino, de jogar bola e brincar de carro, ou, se forem do sexo feminino, de bonecas e casinhas de brinquedo. Caso contrário, podem ser considerados "anormais".

Esse caráter diferencial também está relacionado à classe social (e grupo social) ao qual pertence a criança, tal como postura e posicionamento. As crianças das classes privilegiadas são socializadas para mandar, tomar iniciativa, etc. ao passo que as crianças das classes exploradas são muitas vezes socializadas para obedecer. Outras diferenças, derivadas da posição de classe, etnia, religião, nacionalidade, cultura, etc., também proporcionam socialização diferencial.

Após esse processo de socialização básica, há uma nova socialização, a que alguns sociólogos chamam de "socialização secundária". Preferimos chamar esta de ressocialização,[11] que é justamente

---

[11] Cf. VIANA, Nildo. *A dinâmica da violência juvenil*. Rio de Janeiro: Booklink, 2004.

o processo que ocorre quando se busca preparar o indivíduo para a vida profissional (ressocialização diferencial) e as responsabilidades sociais (ressocialização genérica). Esse período é justamente o que constitui a juventude como grupo social. Ela ocorre fundamentalmente nas escolas, no chamado ensino médio, no técnico-profissionalizante ou no superior. O indivíduo é preparado para se tornar uma força de trabalho especializada, o que pressupõe uma escolha profissional, de acordo com as possibilidades sociais (por exemplo, escolher a carreira em Medicina pode ser feita por qualquer indivíduo, mas graças ao processo de competição social, poucos conseguem essa formação, sendo privilegiados aqueles que são oriundos das classes mais abastadas; enquanto que ser técnico contabilista requer menos recursos financeiros, sendo mais acessível aos setores provenientes dos estratos mais baixos das classes privilegiadas ou ao mais bem colocados no interior das classes exploradas).

A formação profissional pressupõe a preparação (saber técnico, científico, por exemplo) para o exercício da profissão mas também a aquisição dos valores, sentimentos e expectativa profissional. Um sociólogo, por exemplo, deve não só estudar as concepções sociológicas, a história da Sociologia, as técnicas de pesquisa, os métodos de análise da realidade, mas também valorar a profissão de sociólogo e a ciência sociológica e ainda declarar seu amor por ela, o que significa contestar-lhe as críticas, defender a relevância social da Sociologia e declarar sua autonomia e sua proeminência no interior das ciências humanas e no quadro do pensamento ocidental em geral. Talvez ser um leitor entusiasta de *A ciência como vocação*, de Max Weber, e assumir a Sociologia como valor fundamental e quase religioso. Isso inclui a formação para a moral profissional, segundo linguagem durkheimiana, e hoje mais conhecida como "ética profissional". O mesmo vale para o geógrafo, o historiador, o economista, o filósofo, o médico, o advogado, o engenheiro, o administrador, o pedagogo, o matemático, o biólogo, o físico, o químico, o psicólogo.

O indivíduo também é preparado para a "ética geral", as responsabilidades sociais, as civis e as cívicas. A sua finalidade é formar o cidadão, com seus direitos e deveres, e o indivíduo com todas as suas obrigações (casamento e relações familiares em geral, pagar impostos, votar e ser votado, etc.). Em poucas palavras, trata-se da moral cívica apontada por Durkheim, incluindo o conjunto de responsabilidades legais, políticas, civis e cívicas dos indivíduos.

Os mecanismos de socialização também continuam atuando no processo de ressocialização. No entanto, a afeição e a identificação, em nossa sociedade, perdem espaço no processo de ressocialização. A aprovação e a reprovação social permanecem fundamentais, mas a sua recusa e percepção crítica também são maiores, mas, como o futuro profissional está ligado à aceitação de normas, ideias, valores, sentimentos, comportamentos, vigentes, elas acabam prevalecendo na maioria dos casos. A comunicação, direta ou indireta, torna-se mais importante, visto que o indivíduo conseguiu maior autonomia social. A comunicação indireta, principalmente através da escrita, ganha papel mais relevante.

É claro que todo esse processo é diferente em classes sociais distintas. As possibilidades profissionais, o que em parte determina as escolhas profissionais, estão intimamente ligadas à classe social de origem do indivíduo. A ressocialização, nos setores mais empobrecidos da população, ocorre muitas vezes diretamente no trabalho em vez de ocorrer na escola. Há também uma ressocialização diferencial para o sexo masculino e o feminino. Existem profissões predominantemente femininas (pedagogia, secretariado, serviços ligados à beleza) e masculinas (serviço militar, certos esportes, entre outros). Outras formas de diferenciação poderiam ser citadas, mas nos limitaremos a essas por serem as principais.

Após o processo de ressocialização, o indivíduo se integra na sociedade e assume uma posição no mercado de trabalho, no mundo das responsabilidades sociais, que trazem consigo um conjunto de obrigações. A formação do período da infância e juventude já proporcionou os elementos básicos da mentalidade do indivíduo, e esse universo mental, juntamente com as novas relações sociais e obrigações, tornam-no um indivíduo integrado, que somente em casos raros se torna contestador. Obviamente que também aqui se manifestam diferenças, tanto as derivadas da posição de classe quanto de outras diferenças sociais, bem como as posições individuais variam de acordo com o processo histórico de vida do indivíduo.

Agora podemos recolocar a questão da relação indivíduo-sociedade. O indivíduo é um ser singular, tanto do ponto de vista físico como psíquico. A singularidade do ponto de vista físico pode exercer influência na sua singularidade psíquica (um negro numa sociedade racista vai adquirir características distintas de um branco ou de um negro numa sociedade não racista; em uma mesma família, um indivíduo do sexo masculino terá diferenças em relação à sua irmã; uma pessoa com problemas auditivos vai se diferenciar dos que não possuem tal problema; uma pessoa de baixa estatura será diferente daqueles com estatura mais elevada), mas isso adquire maior importância num determinado conjunto de relações sociais. As diferenças físicas podem proporcionar diferenças psíquicas, mas, na sociedade moderna, fundada na competição social, tal ocorrência é muito mais forte. Da mesma forma, a singularidade psíquica pode influenciar nas diferenças físicas (basta citar o exemplo das cirurgias de embelezamento ou de mudança de sexo para se notar isso).

No entanto, a singularidade psíquica é mais importante e determinante. A singularidade psíquica é constituída socialmente através do processo histórico de vida do indivíduo e expressa maior ou menor autonomia relativa. A relações sociais travadas pelo indivíduo desde sua infância vão dando forma à sua singularidade psíquica, o que significa a formação dos seus valores, sentimentos, ideias, hábitos, comportamentos. Tais relações também são singulares, uma vez que cada indivíduo vive um conjunto de relações que nenhum outro vive exatamente da mesma forma nem com um passado igual de outras relações sociais. Mas não se trata de um indivíduo vazio, e sim portador de necessidades e que, com o desenvolvimento de sua consciência, valores e sentimentos, vai realizando escolhas, assumindo posições, formando-se. Em poucas palavras, através do processo histórico de vida, o indivíduo constitui sua mentalidade e esta, uma vez constituída fornece-lhe seu grau de autonomia e posicionamento diante da vida.

Assim, a autonomia relativa do indivíduo varia de acordo com a sociedade, e sendo essa uma sociedade de classes, ela é restrita, embora haja variações que dependem do indivíduo em questão.

A formação da mentalidade é social e, por conseguinte, o indivíduo é formado socialmente. A formação social do indivíduo é produzida numa sociedade concreta, histórica. Mas existe em toda sociedade uma conformação básica da mentalidade, que é expressão da sociabilidade existente. A sociabilidade na sociedade moderna é marcada pelos fenômenos da competição, da mercantilização e da burocratização. Não podemos nos alongar sobre estes processos sociais, mas iremos fornecer uma breve definição de cada um desses termos para expor seu papel na formação da mentalidade dos indivíduos.

A competição é uma característica fundamental da sociedade moderna. Ela nasce na esfera da produção, através do processo de concorrência entre as empresas capitalistas pelo mercado consumidor e dos trabalhadores pelo mercado de trabalho e se generaliza, atingindo o conjunto das relações sociais, tal como a educação, a produção intelectual, etc. Como a sociedade moderna se funda na hierarquia, então os indivíduos disputam para ficar no cume da pirâmide social e assim se instaura uma ampla competição social por *status*, poder, riqueza, ascensão social.

A mercantilização significa o processo de transformação de tudo em forma-mercadoria, isto é, tudo passa a possuir valor de troca. As mercadorias são compradas e vendidas, têm um preço. O processo de mercantilização que nasce na esfera da produção de mercadorias do capitalismo invade o conjunto das relações sociais. Os meios de produção, os bens de consumo e a força de trabalho se tornam, no capitalismo, mercadorias. Mas, além disso, os serviços sociais (saúde, educação, transporte), o lazer, e tudo mais se tornam mercadoria, até o corpo humano, como ocorre com a venda de órgãos. Esse processo de mercantilização cria uma visão mercantil do mundo, no qual aparentemente tudo pode ser vendido e comprado.

A burocratização das relações sociais significa que a relação dirigentes-dirigidos e tudo que é derivado daí se espalha pelas relações sociais, com todas as suas consequências (formalismo, tecnicismo, segredo burocrático, hierarquia, etc.). O Estado, a grande organização burocrática da sociedade moderna, é um dos pilares deste processo de burocratização. O Estado é comandado pela burocracia estatal e esta é reforçada pela burocracia das empresas privadas e das instituições estatais (universidades, escolas, fundações, etc.), bem como pelas instituições da sociedade civil (partidos, sindicatos, igrejas, etc.) e, com o processo de mercantilização, invade também a vida cotidiana das pessoas (burocratização do lazer, dos esportes, etc.).

Tudo isso vem acompanhado por ideologias que buscam naturalizar essas relações sociais. O darwinismo, por exemplo, revela-se como uma ideologia da competição que, extraído da sociedade, é aplicado ao mundo natural e retorna e naturaliza a competição social.[12] Muitos sociólogos dedicaram estudos sobre o fenômeno da competição (Mannheim, Wright Mills, Marx), bem como psicólogos e psicanalistas (Mclelland, Fromm). Essa competição acaba se tornando parte da mentalidade das pessoas. Na sociedade moderna, os indivíduos passam a ser competitivos, e a competição passa a se manifestar em ações e ideias cotidianas. Isso cria o que Wright Mills denominou "personalidade competidora".[13]

A burocratização também produziu seus ideólogos e foi analisada por diversos sociólogos, desde Max Weber até Georges Lapassade. Também ela terá fortes efeitos na mente humana, e por isso o sociólogo Robert Merton cunhou a expressão "personalidade burocrática".[14] A mercantilização não foge à regra e é isso que possibilitou a teoria de Erich Fromm sobre a proeminência do ter sobre o ser.[15]

Assim, temos um quadro geral da mentalidade na sociedade moderna. A conformação básica da mentalidade nessa sociedade é marcada por seu caráter burocrático, mercantil e competitivo. A mentalidade (que inclui a consciência, os valores, os sentimentos)

---

[12] VIANA, Nildo. Darwinismo e ideologia. *Pós – Revista de Pós-Graduação em Ciências Sociais*/UnB. Brasília, ano V, n. 5, dez./2001.

[13] WRIGHT MILLS, C. *Poder e política*. Rio de Janeiro: Zahar, 1970.

[14] MERTON, Robert. *Sociologia: teoria e estrutura*. São Paulo: Mestre Jou, 1970.

[15] FROMM, Erich. *Ter ou ser?* Rio de Janeiro: Guanabara, 1983.

é a introjeção da sociabilidade e significa que os indivíduos não só aceitam tal sociabilidade, mas passam a *querer agir* para atender às suas exigências. A fonte da mentalidade está na sociabilidade, que a modela e faz com que os indivíduos atuem da forma como ela deseja e necessita. A sociabilidade gera a mentalidade e esta reproduz aquela. Assim, uma vez existindo uma mentalidade correspondente a uma determinada sociabilidade, ela a reproduz e é constantemente confirmada por esta última. Se não bastasse a mentalidade competitiva dos indivíduos, reforçada por concepções científicas, tal como o darwinismo, basta olhar o conjunto das relações sociais para ver a competição social se manifestando abertamente e em todos os momentos, na empresa, na escola, até nas relações familiares. Assim, a realidade e as ideologias confirmam a mentalidade. O que todas esquecem é que são produtos históricos da sociedade moderna e não uma "lei geral da sociedade e da natureza", como colocam alguns ideólogos.

Mas assim como existem diferenças na socialização, também existem diferenças na sociabilidade e na mentalidade, e isso será o objeto de nossa análise a seguir.

Divisão social do trabalho e classes sociais

A divisão social do trabalho é um tema básico da sociologia clássica. Durkheim lhe dedicou um livro, *Da divisão social do trabalho*; enquanto que Weber e Marx atribuíram a ela os elementos fundamentais de suas análises sobre a racionalização e a luta de classes, que são formas de expressão da divisão social do trabalho.

A divisão social do trabalho surge como divisão rudimentar do trabalho nas sociedades simples ("primitivas" ou "pré-históricas" e também as sociedades indígenas), determinada pela faixa etária ou pelo sexo. Crianças e mulheres executam determinadas atividades, e os homens adultos outras. Com o desenvolvimento histórico, essa situação vai se complexificando, até o momento de surgir as classes sociais. O que são classes sociais?

Podemos entender o que são classes sociais a partir da abordagem que Marx faz do fenômeno. Marx considera que é a divisão social do trabalho que determina as formas de propriedade; isso é um ponto fundamental em sua teoria que é geralmente negligenciado. A divisão do trabalho gera uma divisão entre trabalho industrial, comercial e agrícola, bem como, consequentemente, entre cidade e campo. No interior dessas divisões, existem subdivisões. A posição de cada subdivisão (do trabalho) é determinada pelo modo de exploração, isto é, pelo modo de produção. Os diversos estágios da divisão social do trabalho são as diferentes formas de propriedade. Em outras palavras, o modo de produção determina a divisão social do trabalho na sociedade e se manifesta juridicamente sob a forma de relações de propriedade. Assim, o modo de produção gera a divisão social do trabalho e suas subdivisões.

Tal aspecto é fundamental para entender o que são classes sociais. As classes sociais são grandes agrupamentos de indivíduos constituídos pela divisão social do trabalho. No entanto, no interior da divisão social do trabalho existe uma determinação fundamental, um elemento essencial, que é o modo de produção dominante. O modo de produção dominante, em determinada sociedade, constitui as duas classes sociais fundamentais que, por sua vez, determina a existência das outras classes sociais e suas subdivisões. A sociedade feudal, por exemplo, tem duas classes sociais fundamentais, a dos senhores feudais e a dos servos. A expansão da divisão social do trabalho cria novas subdivisões e outras classes sociais. O mesmo ocorre nas demais sociedades de classe.

Passemos para o caso concreto da sociedade capitalista. As duas classes fundamentais são a burguesia e o proletariado. O modo de produção capitalista se fundamenta na produção e na apropriação do mais-valor, e a classe capitalista é aquela que se apropria do mais-valor produzido pela classe operária. No interior dessas classes sociais, existem subdivisões: a burguesia industrial compartilha a dominação de classe com a burguesia comercial, financeira, etc. A burguesia comercial, entre outras frações da burguesia, não se apropria do mais-valor produzido por seus trabalhadores, mas, sim, recebe o seu lucro do mais-valor produzido pelos operários, através da transferência efetuada pela burguesia industrial. Explicaremos isso mais detalhadamente adiante. O proletariado também tem divisões, já que existem aqueles que trabalham nas fábricas, e aqueles que trabalham na construção civil, na agricultura, etc. As relações sociais nas empresas capitalistas são marcadas pelo conflito e luta em torno do mais-valor e por isso surge a necessidade de "racionalização" e controle do processo de trabalho, o que gera uma nova classe social nessa esfera, a burocracia empresarial.

Mas, na sociedade capitalista, não existem apenas duas classes sociais. Isso se deve ao fato de que, no modo de produção capitalista, só existem duas classes sociais fundamentais (burguesia e proletariado), diferentemente da sociedade capitalista que possui outras classes sociais, já que engloba outras formas de produção e as formas de regularização das relações sociais (Estado, instituições, cultura, ideologias, direito, etc.). As classes sociais ligadas a outros modos de produção tendem a ser abolidas com o desenvolvimento histórico do capitalismo. Esse é o caso dos artesãos e dos camponeses. Os artesãos e os camponeses são explorados pelo capital, mas não através da extração de mais-valor, e sim através da ação estatal, do capital bancário e do capital comercial; o primeiro extrai impostos; o segundo, e o terceiro ganha com a "troca desigual", ao comprar os produtos produzidos pelas formas de produção não capitalistas por baixo preço e revendê-los por um preço elevado. Os pequenos proprietários em geral possuem apenas a propriedade nominal, isto é, possuem o título formal da propriedade, mas, nas relações sociais concretas, sofrem um processo de extração de renda via capital bancário e comercial.

As formas de regularização do capitalismo produzem o Estado capitalista e um conjunto de instituições que geram outras classes sociais, especialmente a burocracia, que, por sua vez, tem múltiplas subdivisões: burocracia estatal, burocracia universitária, burocracia partidária, burocracia sindical, etc. Mas, no Estado e nessas instituições, também existe um conjunto de indivíduos que são funcionários e trabalham e não são dirigentes, isto é, burocratas. Em razão de sua posição na divisão social do trabalho, eles formam outra classe social. Trata-se da classe subalterna, composta pelos trabalhadores dedicados ao serviço de limpeza, por exemplo, que não possuem nenhum poder de mando e por isso não estão presentes na hierarquia burocrática. Os trabalhadores do comércio e também os chamados "trabalhadores domésticos", que trabalham nas residências das classes privilegiadas enquadram-se nessa posição de classe subalterna.

Mas de onde vem a renda dessas classes sociais? Essa questão foi abordada por Marx na sua distinção entre trabalho produtivo e trabalho improdutivo, que é marcada por muitas interpretações diferenciadas; o próprio Marx manteve algumas ambiguidades a esse respeito. Iremos considerar trabalho produtivo aquele que produz mais-valor, e trabalho improdutivo aquele que não produz mais-valor. Assim, as classes constituídas nas formas de regularização, nas relações de distribuição, nos serviços em geral, são trabalhadores improdutivos, no sentido acima delimitado. Entre esses, podemos distinguir os que fornecem mais-valor e aqueles que representam apenas "despesa" para as empresas capitalistas. O trabalhador do comércio, por exemplo, não produz, mas fornece mais-valor, visto que o seu trabalho é o que permite ao capital comercial apropriar-se de parte do mais-valor extraído pelo capital industrial. O empregado doméstico, por sua vez, não fornece mais-valor, já que não gera nenhum lucro.

Cabe aqui esclarecer o problema do que Marx chamou *mais-valor global*. O mais-valor global é toda a produção de mais-valor de determinada sociedade e é produzido pelo conjunto dos trabalhadores produtivos, isto é, o proletariado. Mas, uma vez apropriado pelo capital, esse mais-valor global é repartido na sociedade via relações de distribuição. Marx denomina isso de *repartição de mais-valor*. O capital comercial, o capital bancário, entre outras frações da classe capitalista, conseguem transferir para suas mãos parte do mais-valor produzido socialmente, além de utilizar as formas secundárias de exploração capitalista. O mesmo ocorre com o Estado, que drena para si grande parte do mais-valor global, o que permite realizar a remuneração da burocracia e da classe subalterna. Assim, não é a renda ou a forma da renda (salário, lucro, renda) que determina o pertencimento de classe, uma vez que classes sociais diferentes possuem a mesma forma de renda, já que tanto um burocrata quanto um operário, assim como um subalterno, recebe sua remuneração sob a forma de salário. Isso ofusca a real diferença entre as classes sociais.

Por conseguinte, as classes sociais são constituídas e delimitadas não pela renda ou situação de mercado, como coloca Weber, ou apenas por sua "posição diante dos meios de produção", segundo Lênin. A determinação fundamental da existência e delimitação das classes sociais se encontra no modo de produção dominante e na divisão social do trabalho derivada dele.

Assim, numa sociedade classista concreta, existem duas classes sociais fundamentais e várias outras classes sociais não fundamentais. Uma das características dessa concepção de classes sociais é que ela é *relacional*. As duas classes sociais fundamentais se organizam em torno do modo de produção dominante, isto é, nas relações de produção que colocam frente a frente a classe exploradora e a classe explorada. No capitalismo, por exemplo, temos a burguesia, enquanto classe exploradora, e o proletariado, enquanto classe explorada. A relação social entre as duas ocorre na produção de mais-valor, na qual uma produz e a outra se apropria. Da mesma forma, a servidão e a escravidão são relações sociais de produção que constituem as duas classes sociais no modo de produção feudal e escravista, respectivamente.

As demais classes sociais, no capitalismo, estão nesse processo relacional via contato com a classe dominante, seja via Estado e burocracia estatal, seja via fração dela, especialmente o capital comercial. O campesinato, por exemplo, não produz mais-valor, mas é explorado pela classe dominante. Marx chama isso de "formas secundárias de exploração capitalista". O Estado, o capital comercial e o capital bancário são os meios pelos quais se concretiza essa exploração de tipo secundário. Assim, as demais classes sociais existem na relação com a classe dominante, estando sujeitas a sua exploração ou então como aliadas privilegiadas, por exemplo, o caso da burocracia.

Tal concepção difere das ideologias da estratificação social e da concepção weberiana de classes sociais. As ideologias da estratificação social, fundadas principalmente no critério de renda, constatam a existência de vários estratos de renda, e assim, para cada nível de renda delimitado arbitrariamente pelo ideólogo, apresentam uma classe social. Para o nível mais elevado, temos a classe A, e, para o subsequente, temos a classe B, seguida pela C, D, F, dependendo do número de classes delimitado pelo ideólogo. O fato de alguém ser do nível de renda C, mas ter um modo de vida diferenciado de grande parte dos outros indivíduos do mesmo nível de renda não tem importância do ponto de vista desta ideologia. Essa concepção de classe social, de caráter empiricista, não é relacional, visto que não é a relação entre as classes sociais, derivada de sua posição na divisão social do trabalho que é importante, e sim uma característica isolada, a renda. O problema é que essa é a visão dominante sobre as classes sociais, e as concepções mais elaboradas apenas complexificam a questão sem perceber que se trata de um empiricismo grosseiro e que é completado por um sistema classificatório sem conexão com a realidade concreta. Tal modo de pensar é reproduzido até por sociólogos que se dizem "marxistas", de forma mais ou menos explícita. Na forma menos explícita, temos aqueles que trabalham com a ideia de "classes médias" e "classes intermediárias", que nunca têm esclarecido sua posição no conjunto das relações sociais e na divisão social do trabalho.

A abordagem relacional das classes sociais, que tem por base a teoria de Marx, também é mais profunda do que aquelas que pensam na autoformação das classes sociais. Esse é o caso do historiador inglês E. P. Thompson (1924-1993), que defende a tese da "autoformação" da classe operária em sua obra, *A formação da classe operária inglesa*. O problema é que a classe operária surge da sua relação com a classe capitalista, e o que descreve Thompson é nada mais do que sua "autoformação" cultural. No entanto, tal formação cultural tem por base as relações sociais concretas, as relações de produção capitalistas. As outras teses da classe social definida pela consciência de classe, além do caráter que alguns denominariam "idealista" (posição filosófica segundo a qual as ideias constituem o real), são de um empiricismo tosco, e ficam no nível da aparência, nunca penetrando na essência, isto é, não percebendo as bases reais da constituição de consciência de classe e da primazia do ser de classe sobre ela, bem como sua anterioridade histórica.

As classes sociais são delimitadas pelo modo de produção e pela divisão social do trabalho. O seu processo histórico de formação remete à origem de determinado modo de produção dominante e à divisão social do trabalho derivada dele, e também à sua relação com outros modos de produção subordinados ao dominante. Por conseguinte, são as relações sociais que definem e delimitam as classes sociais, e não, como querem alguns, a posição econômica, a cultura ou a renda.

Obviamente que são as relações sociais específicas, ligadas ao processo de produção ou às formas de regularização, que proporcionam a existência das classes sociais. Estas, por sua vez, constituem outras relações. A partir de determinada posição na divisão social do trabalho, o que significa um pertencimento de classe, um indivíduo tende a ter determinadas relações sociais derivadas, como um determinado nível de renda, um determinado tipo de moradia em certas regiões espaciais, um conjunto de relações pessoais, determinado tipo de cultura e lazer, entre outras. Isto, por sua vez, tem outras implicações derivadas (determinado nível de renda, por exemplo, delimita determinado tipo de consumo). Sem dúvida, existem diferenças e variações no interior de uma classe social. As diferenças de maior amplitude configuram grandes agrupamentos no interior da classe social, chamados frações de classes.

Sendo assim, a posição de classe expressa, simultaneamente, um modo de vida gerado por tal posição. Dessa forma, podemos retomar a questão da socialização diferencial. As classes sociais promovem uma socialização diferente, derivada do modo de vida diferenciado, o que implica cultura, costumes, valores, também diferenciados. Assim, cada classe social tem um conjunto de características derivadas de sua posição de classe, mas também convive com elementos gerais presentes em determinada sociedade, provenientes da sociabilidade, da cultura e de outros elementos genéricos existentes nela.

A questão da consciência de classe assume grande importância nesta discussão. Para alguns, a classe social é definida pela consciência de classe, como colocamos anteriormente. É preciso entender que o que constitui uma classe social são as relações sociais concretas, e não a consciência, que é derivada dessas relações. Sendo assim, os indivíduos ou grupos sociais, vivendo sob determinadas relações sociais, vão desenvolver valores, interesses, ideias, sentimentos, oriundos de suas relações sociais concretas. Por conseguinte, classe e consciência de classe são inseparáveis.

Assim, é um equívoco pensar a "consciência de classe" como aquilo que se julga que deveria ser a sua consciência em vez da consciência concreta das classes sociais. Geralmente, no caso da classe operária, se concebe a consciência de classe como a "consciência revolucionária". No caso de Marx, esse tipo de equívoco não ocorre. Para Marx, existe uma distinção entre a consciência concreta das classes sociais e sua consciência de acordo com os seus interesses históricos, que varia conforme a classe social. A consciência concreta do proletariado é aquela que ele possui na sua vida cotidiana. A consciência revolucionária seria resultado do seu processo de desenvolvimento, que é produto da luta de classes. Em outras palavras, com o desenvolvimento histórico da sociedade e de seus conflitos, a burguesia entra em luta com o proletariado e fornece os elementos de autoeducação desse proletariado. Marx expressou esse processo como a passagem da classe em-si e classe para-si (utilizando termos extraídos da filosofia hegeliana); a primeira expressando a classe com sua consciência concreta, e a segunda com sua consciência concreta desenvolvida e já de acordo com seus interesses de classe. Mas, independentemente da passagem de uma forma de consciência para outra, a classe já existe concretamente nas relações sociais, o que significa que sua concepção não tem nada a ver com as concepções culturalistas e empiricistas que derivam a classe do nível de sua consciência, determinada arbitrariamente pelos ideólogos. O problema da consciência de classe está intimamente ligado à questão cultural e à ideologia, das quais trataremos a partir de agora.

Cultura e ideologia

A questão cultural nos remete a uma diversidade de problemas sociais e teóricos. O conceito de cultura é bastante complexo e recebe as mais variadas definições. O antropólogo A. Kroeber (1876-1960) identificou cerca de duzentas definições desse termo. Apresentaremos uma definição que nos permitirá prosseguir com a discussão sobre a produção cultural e ideológica. Entendemos por cultura o conjunto das produções intelectuais de determinada sociedade. Assim, o conceito de cultura se distingue de outros termos, por exemplo, sociedade, ideologia, civilização. A civilização se refere ao conjunto da produção cultural e material de uma sociedade e a sociedade, é o conjunto das relações sociais existentes. O conceito de ideologia será abordado mais adiante.

A cultura conta com inúmeras formas de manifestação. Nas sociedades simples, não classistas, a cultura é homogênea, isto é, existe apenas uma formação cultural compartilhada por toda a população. Os mitos, nessas sociedades, são crenças coletivas, e todos os indivíduos acreditam neles. Nas sociedades complexas, classistas, em razão da divisão social do trabalho, surge, no interior da cultura geral de determinada sociedade, um conjunto de culturas ligadas a grupos e classes sociais. É por isso que a cultura nas sociedades complexas tem diversas formas de manifestação.

Podemos fazer, inicialmente, a distinção entre as formas culturais simples e as complexas. As simples são aquelas produzidas no cotidiano, ao passo que as complexas são as produzidas por indivíduos especializados, dedicados somente ao trabalho intelectual. A principal característica das formas culturais complexas é a sua estruturação complexa, articulada, sistematizada.

A ideologia é uma das formas culturais complexas. Ela surge com a divisão entre trabalho manual e trabalho intelectual, isto é, quando surgem indivíduos que se dedicam exclusivamente ao trabalho intelectual, os ideólogos. Isso significa que a ideologia é uma forma de pensamento complexo e que é produto da divisão entre trabalho intelectual e manual, sendo elaborada pelos trabalhadores intelectuais. Uma vez que existem pessoas dedicadas exclusivamente ao trabalho intelectual, torna-se possível pensar um desenvolvimento autônomo e independente das ideias, como se essas não fossem constituídas socialmente, por indivíduos e grupos concretos.

A ideologia assume as mais variadas formas e conteúdos nas diferentes sociedades e numa mesma sociedade. Mas, se ideologia é uma forma de pensamento complexo, nem toda forma de pensamento complexo é ideologia. Isso pelo motivo de que a ideologia é uma forma específica de pensamento (que, por sua vez, assume várias formas e conteúdos, como já foi dito). A ideologia é um pensamento sistemático, organizado. Além disso, é um pensamento que inverte a realidade, isto é, não consegue expressar o real, mas realiza sua deformação. O real é apresentado, mas tal apresentação é parcial, ou seja, parte da realidade se apresenta, e outra é ocultada. Assim toda ideologia tem uma base real, e por isso não é em sua totalidade um pensamento falso, embora seja predominantemente falso. Toda ideologia tem momentos de verdade ao lado de momentos de falsidade, que formam a sua essência e sua maior parte. Dessa forma, compreendemos que a ideologia é uma falsa consciência sistematizada e pode assumir a forma de Filosofia, Teologia, Ciência, etc. Também compreendemos que se toda ideologia é falsa consciência, nem toda falsa consciência é ideologia, já que somente as suas formas sistemáticas é que possuem essa característica.

Mas como surge a ideologia? Ela surge, historicamente, com a divisão social do trabalho. Ela nasce com a formação dos especialistas no trabalho intelectual. Estes especialistas, por sua vez, estão intimamente ligados à classe dominante. A sua remuneração ou privilégios, com raras exceções, são oriundos dessa ligação, seja direta, seja indireta (via Estado). A produção e a reprodução da ideologia têm como fonte a mentalidade dominante. É isso que proporciona o caráter conservador das ideologias, já que elas naturalizam, universalizam e legitimam as relações sociais existentes. Assim, a ideologia reproduz essas relações sociais e contribui com a reprodução da dominação, visto que ao naturalizar e legitimar tais relações, seja apelando para a "vontade divina" seja apelando para as "leis da natureza", abole a historicidade e a possibilidade de transformação social.

Seria interessante agora recapitular os elementos até aqui trabalhados para compreender o fenômeno ideológico. A ideologia é uma falsa consciência sistematizada, produzida pelos especialistas no trabalho intelectual, e servindo a interesses da classe dominante. As características da ideologia são: falsa consciência e sistematicidade. Ela inverte a realidade, deformando-a. Ela não pode deformar, porém, a totalidade da realidade, pois, se assim o fizesse, seria mera ficção, e não teria nenhuma eficácia. Ela expressa uma base real, e por isso possui momentos de verdade. Mas, na sua essência e totalidade, é uma falsa consciência. É preciso acrescentar que não é qualquer falsa consciência. Ela abarca apenas a forma sistematizada de falsa consciência, sendo um pensamento complexo, sob várias formas, tal como colocamos anteriormente.

A sua origem histórica remonta o processo de divisão entre trabalho intelectual e manual, e ela é produzida pelos especialistas no trabalho intelectual. O seu processo de formação se encontra na sociabilidade e na mentalidade, bem como nos interesses da classe dominante e demais classes sociais privilegiadas. Assim, ela tem o papel de contribuir para a reprodução da sociedade existente, de acordo com os interesses dominantes. Por isso é preciso acrescentar que a ideologia é mobilizadora e possui eficácia prática. As ideologias, tanto por parte dos seus produtores quanto dos reprodutores, produzem práticas e técnicas. Ao realizar isso, ela mostra sua eficácia prática. Mesmo que seus fundamentos sejam falsos, ela produz uma prática eficaz. A ideologia nacionalista, por exemplo, pode fazer uma pessoa "morrer pela pátria", ir para a guerra espontaneamente, e fazer disso sua "razão de viver", que também pode ser entendido com um "viver sem razão", como colocou Geraldo Vandré, já que essa razão é ilusória.

Agora podemos tratar do caso concreto da ideologia na sociedade moderna. Ela assume inúmeras formas e conteúdos. Podemos citar a ideologia individualista, a nacionalista, a liberal, a fascista, entre inúmeras outras. Ideologias que se manifestam como pensamento político ou como ciência, teologia, filosofia. Marx realizou a crítica das ideologias, tal como a expressa na filosofia alemã, na economia política inglesa e em outras manifestações. Tomemos o exemplo da economia política. Marx analisa a economia política e faz a crítica da concepção clássica representada por Adam Smith e David Ricardo, ressaltando o avanço que eles representaram para o conhecimento do modo de produção capitalista, embora também, graças aos limites de sua consciência burguesa, suas lacunas e limitações. Outra situação é a da economia política vulgar, representada por T. R. Malthus (1772-1823), que realizava a apologia da sociedade capitalista e produzia ideologias legitimadoras sem fazer avançar a compreensão de sua dinâmica. Marx também citava a economia política eclética, de Stuart Mill e Jean-Baptiste Say (1767-1832), formada a partir do surgimento de forte movimento operário e tentando fazer compromissos através de seu ecletismo.

Assim, Marx analisa três estágios do desenvolvimento da ideologia em determinada ciência particular, a economia política, e mostra sua limitação fundamental: não superar na concepção o que a classe que representam (a classe dominante) não supera na prática, as relações de produção capitalistas. Ele também relaciona a análise da ideologia com o momento do desenvolvimento histórico e as tarefas concretas colocadas para a classe dominante. Assim, a história da ideologia é uma história dependente da história social geral. É por isso que Marx afirmou que a ideologia não tem história, isto é, não tem uma história autônoma e independente das relações sociais concretas.

No entanto, existem outras formas de pensamento complexo além da ideologia, tal como as produções utópicas e teóricas. A obra de Marx, por exemplo, estaria incluída neste último tipo. As utopias, tal como coloca Mannheim, são expressões dos grupos dominados, apontando para a crítica da sociedade existente e a proposição de uma nova sociedade. As formações culturais utópicas, como o messianismo presente nas revoltas camponesas da época de transição do feudalismo para o capitalismo, a religião anabatista, o socialismo utópico, entre outros exemplos, mostram uma forma de pensamento que não tem o mesmo nível de sistematização que a maior parte das ideologias, mas possuem uma articulação e organização. A teoria, por sua vez, é oposta à ideologia. A ideologia é falsa consciência e a teoria é "expressão da realidade", segundo afirmação de Karl Korsch. Sendo assim, a teoria não realiza o processo de deformação da realidade que é realizado pelas ideologias. Ela possui um grau de articulação elevado e assim uma complexidade semelhante a da ideologia. O seu conteúdo, porém, é radicalmente diferente, além de diferenças formais também existentes.

A cultura em geral é muito mais ampla do que suas expressões complexas. O processo cultural existe desde que houve a transição da animalidade para a humanidade. Os mitos primitivos e o saber cotidiano, desde épocas remotas, expressam as formas não complexas de manifestação cultural. O mundo das artes, a poesia, a música, a literatura, também são parte da formação cultural de uma sociedade.

No entanto, a cultura não é homogênea. Nas sociedades não classistas, a cultura possui homogeneidade, mas nas sociedades divididas em classes sociais a situação é mais complexa. Existem elementos na formação cultural que são compartilhados por toda a sociedade, todos os seus grupos e classes constituintes. Isso pode fornecer a aparência de homogeneidade. Em determinada sociedade, todas as pessoas falam a mesma língua, possuem muitas tradições em comum, muitas concepções e valores semelhantes. Apesar disso, também têm muitas diferenças culturais. A língua nacional é, na maioria dos países, única, mas suas formas concretas de manifestação diferenciam e daí surge a distinção entre língua culta, das classes privilegiadas, e linguagem coloquial.

Assim, a grande divisão cultural numa sociedade classista é expressão de sua grande divisão social, a de classes. Cada classe social cria, com base em seu modo de vida e suas relações sociais concretas, uma cultura própria. Isso ocorre tanto na esfera do pensamento complexo quanto do pensamento simples. O pensamento complexo das classes sociais é aquele produzido por seus representantes intelectuais, tal como Marx coloca, e Gramsci retoma e amplia. Gramsci afirma que cada grupo social cria, tendo por base sua função econômica, social e política, um conjunto de intelectuais que expressam seus interesses. A classe capitalista, por exemplo, produz o técnico da indústria, o economista, etc. No entanto, esses representantes intelectuais das classes sociais manifestam um pensamento complexo, enquanto que as classes sociais, por conta própria e sem intermediários, manifestam sua própria cultura.

Assim, a cultura de cada classe social é, na verdade, a consciência concreta de determinada classe social. Essa consciência é perpassada pelos elementos gerais da cultura de toda uma nação e ao mesmo tempo os elementos particulares derivados de sua posição na divisão social do trabalho e seu modo de vida próprio.

O que muitos sociólogos denominaram "cultura popular" é tão somente a cultura das classes sociais exploradas e dominadas. O que muitos denominam "cultura operária" não é nada mais do que a consciência concreta do proletariado. Assim, a questão cultural remete ao problema da divisão social do trabalho e suas expressões no mundo da produção intelectual. Desta forma, não há que se confundir ideologia e cultura. A ideologia é uma manifestação cultural específica, uma forma de pensamento complexo, enquanto que a cultura é toda e qualquer manifestação intelectual de determinada sociedade.

A cultura, como já dizia Korsch, faz parte da totalidade da realidade e, portanto, tem papel importante no seu processo de conservação e transformação. Por isso é fundamental perceber a relação entre as lutas sociais e luta pela transformação social e suas relações com o mundo cultural. Ao realizarmos uma breve análise da questão das lutas sociais e da transformação social, retomaremos isto.

A transformação social

A Sociologia clássica forneceu uma atenção especial ao problema da mudança social. Antes mesmo dela, a filosofia da história, Comte, Spencer e o evolucionismo, fizeram da transformação social um tema importante. Mas, na maioria dos casos, tratava-se de ver a mudança social até o surgimento da sociedade capitalista, que passava a ser vista como o último estágio do desenvolvimento social. Na sociologia clássica de Durkheim e Weber, essa proposição ficou inalterada. Foi com Marx que a ideia de transformação social não morria com o surgimento do capitalismo, pois ele via o capitalismo como um modo de produção em movimento e que tinha a tendência de autodissolução. Ele via isso através das lutas de classes. Assim, haveria uma sociedade pós-capitalista.

A ideia de uma sociedade pós-capitalista era compartilhada por muitos pensadores, desde os socialistas utópicos, passando pelos anarquistas e outras tendências políticas radicais, mas acabou, depois de Marx, penetrando no debate sociológico. Surgiu uma "sociologia da revolução", produzida por sociólogos como André Decouflé, entre outros.

A grande questão é sobre o processo de transformação de uma sociedade para outra. Apesar de alguns confundirem "transformação social" ou "mudança social" com coisas totalmente distintas, como "mobilidade social", "ascensão social" ou alteração em instituições sociais, essa questão remete à transformação do conjunto das relações sociais. A transição da sociedade feudal para a sociedade capitalista é o exemplo clássico do que a sociologia entende por mudança social. O conceito de transformação social também abarca a transição de uma determinada forma de sociedade pré-capitalista em outra ou então a transformação da sociedade capitalista em uma sociedade pós-capitalista. A Sociologia, no entanto, focalizou sua atenção nesses dois últimos casos, especialmente na formação da sociedade capitalista. É o que Weber fez em *A ética protestante e o espírito do capitalismo*; Durkheim fez em *Da divisão social do trabalho* e Marx em *O capital*, além de outros textos. Esta discussão está presente também em Norbert Elias, com seu trabalho sobre *O processo civilizatório*.

O processo de passagem do capitalismo para o pós-capitalismo foi analisado após Marx, por muitos dos seus seguidores (sociólogos e não sociólogos) e outros sociólogos, como Kurt Lenk (1929-), Decouflé, Crane Brinton (1898-1968), Wright Mills, entre outros. A concepção clássica de transformação do capitalismo continua sendo a de Marx.

Ele via o processo de transição do capitalismo ao pós-capitalismo como produto da luta de classes. Por um lado, a classe capitalista, em virtude das relações de produção, tendia a viver em constante crise, devido ao conjunto de contradições que lhe caracteriza. A principal contradição residiria na necessidade de desenvolvimento tecnológico, que tinha a tendência de fazer declinar a taxa de lucro, o que provocava a busca por parte da classe capitalista em aumentar a taxa de exploração, provocando um acirramento de conflitos entre as classes sociais. Por outro lado, a classe proletária, em razão de suas necessidades e sua condição de vida marcada pelo trabalho alienado, que é um trabalho dirigido e imposto por outros, e pela exploração a qual estava submetida, iria promover lutas contra essa situação e assim iria formando suas próprias formas de organização, a associação operária, que seria o embrião da futura sociedade socialista, e desenvolvendo sua consciência de classe.

Esse processo de autoeducação seria reforçado pelas crises e contradições crescentes do modo de produção capitalista. Assim, chegaria um momento em que a revolução eclodiria e uma sociedade radicalmente diferente, fundada em relações sociais igualitárias, emergiria e substituiria o capitalismo. A teoria de Marx é complexa e tem diversos outros elementos relacionados, mas aponta uma questão central para o problema da transformação social: ela é um processo social; não é, como muitos autointitulados marxistas pensaram posteriormente, uma "lei natural", um processo inevitável, ou "sem sujeito".

Nas lutas sociais manifestam-se tanto as tendências conservadoras quanto as tendências revolucionárias. Esse processo é marcado, assim, pela forças sociais que buscam a manutenção da sociedade existente e as forças sociais que lutam pela transformação. Em outras palavras, a luta de classes é a determinação fundamental do processo de transformação social. É com base na percepção desse processo que se discute a contrarrevolução e o motivo pelo qual os explorados e oprimidos não efetivam uma luta imediata pela transformação social.

A partir do que foi dito anteriormente é possível perceber o elemento de petrificação das relações sociais existentes, tanto pela reprodução da sociabilidade, da mentalidade, quanto pela socialização, pela cultura e pela ideologia. O próprio desenvolvimento capitalista gera a dificuldade em prosseguir o processo de acumulação capitalista (crises, tendência declinante da taxa de lucro). Quando ocorre a crise da acumulação capitalista, os laços conservadores que amarram os indivíduos em determinadas relações sociais se afrouxam, e assim emergem com mais facilidade as brechas que permitem a transformação social. No entanto, as ações da classe capitalista, o Estado, e outras medidas são tomadas por aqueles que são contrários à mudança social. É nesse complexo processo de luta que ocorrem as tentativas e os fracassos de transformação.

Tal teoria envolve um conjunto de questões as quais não foram aprofundadas na obra de Marx. Assim, sua teoria centra em algumas questões, mas deixa outras em aberto, com apenas algumas indicações. Discutir a transformação social pressupõe discutir consciência de classe, organizações, partidos, sindicatos, movimentos sociais, classes sociais, Estado, ideologias, cultura, desenvolvimento tecnológico, desenvolvimento capitalista, entre outras questões.

A Sociologia produziu alguns estudos sobre tal temática, mas o pequeno livro de André Decouflé, intitulado *Sociologia das revoluções*, destaca-se por propor uma reflexão sobre os processos revolucionários, tanto os do passado (Revolução Francesa, por exemplo) quanto os do presente (Comuna de Paris, Revolução Russa) e, através do uso do método comparativo, realizar uma análise importante sobre a revolução social. Decouflé diz que a lição que a sociologia das revoluções pode fornecer é a não redução do processo revolucionário a um "esquema-tipo" e assim coincide com Marx, pois este também pensava que as lutas concretas entre as classes sociais é que poderiam ser a chave de entendimento da transformação social.

Decouflé parte da análise do projeto revolucionário e de suas características fundamentais. A pobreza não é suficiente para o desencadeamento do processo revolucionário. É preciso um projeto revolucionário. Este tem como uma de suas características fundamentais a totalidade. A ideia de totalidade está em Hegel,

INTRODUÇÃO À SOCIOLOGIA

mas num sentido não revolucionário, e é retomada por Marx, Lukács e Korsch. A ideia de totalidade entendida não somente como um recurso heurístico para compreender a sociedade, mas principalmente como um elemento do projeto revolucionário, no sentido em que este promove uma revolução total, "transformar a vida", como já dizia o poeta Rimbaud. Significa uma mutação nas condições de vida, nas relações sociais e na mentalidade dos indivíduos. Outro elemento reside na historicidade, na qual o processo histórico é marcado por uma ruptura que promove uma mudança radical na própria história, sendo uma descontinuidade. A revolução abole uma história e inicia outra, ou, em termos marxistas, abole a "pré-história" e faz nascer a história.

Além do projeto revolucionário, a sociologia da "revolução atuante", deve ir ao concreto. Aí ele encontra a espontaneidade em dois níveis. A espontaneidade imediata da população, da qual não faltam exemplos históricos para confirmar (desde as revoltas camponesas, passando pela Revolução Francesa até chegar à Revolução Russa, entre inúmeros outros casos) e a espontaneidade organizada, quando se criam as organizações pós-revolucionárias que irão gerir a futura sociedade: clubes, "seções de sans-cullotes" na Revolução Francesa, comitês, conselhos operários. A estrutura do cotidiano é alterada pelo movimento revolucionário, que institui novas relações sociais, novas formas de viver. Também novas formas de organização, que, no caso das revoluções operárias, manifestam a concretização da autogestão social, instituindo o "governo revolucionário", que é, na verdade, um autogoverno. A efervescência revolucionária, no entanto, muitas vezes acaba cedendo, e aí se tem a instauração da contrarrevolução, a burocratização e a derrota.

A concepção de Decouflé aponta para uma determinada visão da transformação social que consegue ver a sua radicalidade, sua profunda alteração da vida cotidiana e dos processos sociais. Apesar de sua concepção ser um tanto descritiva e ficar nos aspectos aparentes do processo, enfatizando as transformações cotidianas, ao contrário dos clássicos da sociologia que pensavam o engendramento da transformação social e a instituição de uma nova regularidade social, ele consegue apontar para a novidade radical

135

da transformação social e apresentar elementos não observados por sociólogos como Durkheim e Weber.

O sociólogo Tom Bottomore faz uma distinção interessante entre as concepções de mudança social. Ele delimita duas concepções sociológicas da mudança social: as lineares e as cíclicas. Entre as concepções lineares, as mais significativas são as de Comte, Spencer, Hobhouse e Marx. Para Comte, o desenvolvimento intelectual provocaria a mudança social, tal como se vê em suas leis dos três estados. Embora com concepções diferentes, os demais também pensam a mudança social como um caminho sem volta. As concepções cíclicas desconhecem esse processo, tal como se vê em Pareto e sua tese da "circulação das elites". Tal concepção promove um "eterno retorno do mesmo", como num círculo vicioso.

Mas devemos ir além de Bottomore e diferenciar dois tipos de concepção linear, tomando como modelos exemplares a visão de Comte e de Marx. Para Comte, há uma evolução linear, mas se trata de um desenvolvimento acumulativo e gradual, enquanto que para Marx, embora não descarte esse tipo de evolução no interior de uma sociedade concreta (o capitalismo possui uma evolução linear, tal como o feudalismo e outras formas de sociedade), trabalha com a ideia de uma transformação marcada pela ruptura, pela revolução. A concepção de Marx não abole a liberdade humana e a possibilidade da transformação radical e total.

Georges Gurvitch aborda justamente a questão da liberdade humana e sua relação com os determinismos para analisar a questão da transformação social. Além de uma tipologia da liberdade humana, ele destaca a sua possibilidade de manifestação nas "sociedades prometeicas", históricas.

Sem dúvida, o problema da liberdade humana está intimamente ligado ao processo de transformação social. As concepções deterministas não abrem espaço para a transformação social e concebem o social de forma coisificada, cristalizada, petrificada. O social se torna uma "coisa", no sentido durkheimiano. No entanto, o social é justamente a relação entre os seres humanos. Eles constituem e reconstituem as relações sociais. Desta forma, esse

INTRODUÇÃO À SOCIOLOGIA

processo pode ser interrompido e transformado. A partir da percepção disso, a possibilidade da transformação social está dada. Obviamente que existem obstáculos, interesses divergentes e, por isso, lutas pela e contra a transformação social; a base desse processo de luta foi teorizada por Marx. Assim, no jogo das lutas sociais, a possibilidade da transformação social existe e é uma tendência, graças à existência de grupos sociais, indivíduos, interesses e projetos que apontam para ela, bem como para seus obstáculos, que não são extra-humanos, e sim outros grupos sociais, indivíduos, interesses e projetos. Somente a situação concreta e as lutas concretas podem decidir o futuro e a decisão entre transformação ou conservação.

LEITURA COMPLEMENTAR

Aqui apresentaremos algumas indicações bibliográficas que permitem um aprofundamento das questões discutidas no presente texto. Para facilitar a consulta, iremos dividir por tópicos a lista bibliográfica.

1) O que é sociologia?

BOTTOMORE, Tom. *Introdução à Sociologia*. 3. ed. Rio de Janeiro: Zahar, 1970.

CUVILLIER, Armand. *Introdução à Sociologia*. 3. ed. São Paulo: Nacional, 1979.

LAPASSADE, Georges; LOURAU, René. *Chaves de Sociologia*. Rio de Janeiro: Civilização Brasileira, 1972.

MARSAL, Juan. *A Sociologia*. Rio de Janeiro: Salvat, 1979.

2) A formação da sociologia

GURVITCH, Georges. *Los fundadores franceses de la Sociologia Contemporánea: Saint-Simon y Proudhon*. Buenos Aires: Nueva Visión, 1958.

MARTINS, C. B. *O Que é Sociologia*. 38. ed. São Paulo: Brasiliense, 1998.

3) A sociologia de Durkheim

DURKHEIM, E. *As regras do método sociológico*. 2. ed. São Paulo: Nacional, 1974.

GIDDENS, Anthony. *As idéias de durkheim*. São Paulo: Cultrix, 1981.

4) A sociologia de Max Weber

FREUND, J. *A Sociologia de Max Weber*. 4. ed. Rio de Janeiro: Forense, 1987.

WEBER, M. *A ética protestante e o espírito do capitalismo*. 5. ed. São Paulo: Pioneira, 1987.

5) A teoria da sociedade de Marx

KORSCH, K. *Marxismo e Filosofia*. Porto: Afrontamento, 1977.

LEFEBVRE, H. *A Sociologia de Marx*. 2. ed. Rio de Janeiro: Forense, 1979.

MARX, K. *Contribuição à crítica da Economia Política*. 2. ed. São Paulo: Martins Fontes, 1983.

MARX, K.; ENGELS, F. *A ideologia alemã*. 3. ed. São Paulo: Martins Fontes, 2002.

MARX, K. *O capital*. V vol., 3. ed. São Paulo: Nova Cultural, 1988.

MARX, Karl. *A miséria da Filosofia*. 2. ed. São Paulo: Global, 1989.

VIANA, Nildo. *Escritos metodológicos de Marx*. 2. ed. Goiânia: Edições Germinal, 2001.

6) O desenvolvimento da sociologia

CUIN, C-H.; GRESLE, F. *História da Sociologia*. São Paulo: Ensaio, 1994.

TIMASHEFF, N. *Teoria sociológica*. Rio de Janeiro: Zahar, 1965.

7) A sociologia alemã

ADORNO, T.; HORKHEIMER, M. *Temas básicos de Sociologia*. São Paulo: Cultrix, 1973.

MANNHEIM, Karl. *Ideologia e utopia*. 4. ed. Rio de Janeiro: Guanabara, 1986.

MORAES FILHO, E. (Org.). *Simmel*. São Paulo: Ática, 1983.

8) A sociologia francesa

BOURDIEU, Pierre. *O poder simbólico*. Rio de Janeiro: Bertrand, 1989.

CORCUFF, P. *As novas sociologias. Construções da realidade social*. Bauru: Edusc, 2001.

INTRODUÇÃO À SOCIOLOGIA

GOLDMANN, L. *Ciências Humanas e Filosofia. Que é Sociologia?* São Paulo: Difel, 1986.

LAPASSADE, Georges. *Grupos, organizações e instituições.* 3. ed. Rio de Janeiro: Francisco Alves, 1989.

LEFEBVRE, H. *A vida cotidiana no mundo moderno.* São Paulo: Ática, 1991.

TOURAINE, A. *Em defesa da Sociologia.* Rio de Janeiro: Zahar, 1976.

9) A sociologia norte-americana

COULON, A. *A Escola de Chicago.* Campinas: Papirus, 1995.

COULON, A. *Etnometodologia.* Petrópolis: Vozes, 1995.

MERTON, Robert. *Sociologia: teoria e estrutura.* São Paulo: Mestre Jou, 1970.

SKIDMORE, T. *Pensamento Ttórico em Sociologia.* Rio de Janeiro: Zahar, 1976.

WRIGHT MILLS, C. *A imaginação sociológica.* 6. ed. Rio de Janeiro: Zahar, 1982.

10) A sociologia brasileira

COSTA PINTO, L. A. *La Sociologia del cambio y el cambio de la Sociologia.* 3. ed. Buenos Aires: Eudeba, 1963.

FERNANDES, F. *A Sociologia no Brasil.* Petrópolis: Vozes, 1980.

IANNI, O. *Sociologia e sociedade no Brasil.* São Paulo: Alfa-Omega, 1975.

11) Socialização

BERGER, Peter. *Perspectivas sociológicas.* 7. ed. Petrópolis: Vozes, 1986.

DURKHEIM, E. *Educação e Sociologia.* 2. ed. São Paulo: Melhoramentos, 1970.

MARX, K.; ENGELS, F. *A ideologia alemã.* 3. ed. São Paulo: Martins Fontes, 2002.

12) Divisão social do trabalho e classes sociais

DURKHEIM, E. *Da divisão do trabalho social.* São Paulo: Martins Fontes, 1995.

GURVITCH, G. *As classes sociais*. São Paulo: Global, 1982.

MARX, K.; ENGELS, F. *A ideologia alemã*. 3. ed. São Paulo: Martins Fontes, 2002.

MARX, K. *O capital*. V vol.; 3. ed. São Paulo: Nova Cultural, 1988.

VIANA, Nildo. *A consciência da História*. Goiânia: Edições Germinal, 1997.

13) Ideologia e cultura

MANNHEIM, Karl. *Ideologia e utopia*. 4. ed. Rio de Janeiro: Guanabara, 1986.

MARX, K.; ENGELS, F. *A ideologia alemã*. 3. ed. São Paulo: Martins Fontes, 2002.

CUVILLIER, A. *Sociologia da cultura*. Porto Alegre: Globo, 1975.

14) Transformação Social

DECOUFLÉ, André. *Sociologia das revoluções*. São Paulo: Difel, 1970.

DURKHEIM, E. *Da divisão do trabalho social*. São Paulo: Martins Fontes, 1995.

GURVITCH, Georges. *Determinismos sociais e liberdade humana*. Rio de Janeiro: Forense, 1968.

MARX, K. *Contribuição à crítica da Economia Política*. 2. ed. São Paulo: Martins Fontes, 1983.

MARX, K.; ENGELS, F. *A ideologia alemã*. 3. ed. São Paulo: Martins Fontes, 2002.

MARX, K. *O capital*. V vol. 3.; ed. São Paulo: Nova Cultural, 1988.

MARX, Karl. *A miséria da Filosofia*. 2. ed. São Paulo: Global, 1989.

WEBER, M. *A Ética protestante e o espírito do capitalismo*. 5. ed. São Paulo: Pioneira, 1987.

QUALQUER LIVRO DO NOSSO CATÁLOGO NÃO ENCONTRADO NAS LIVRARIAS PODE SER PEDIDO POR CARTA, FAX, TELEFONE OU PELA INTERNET.

Rua Aimorés, 981, 8º andar – Funcionários
Belo Horizonte-MG – CEP 30140-071

Tel: (31) 3222 6819
Fax: (31) 3224 6087
Televendas (gratuito): 0800 2831322

vendas@autenticaeditora.com.br
www.autenticaeditora.com.br

ESTE LIVRO FOI COMPOSTO COM TIPOGRAFIA MINION E IMPRESSO
EM PAPEL OFF SET 75 G NA FORMATO ARTES GRÁFICAS.